Kiki Kaltwasser • Verlade-Training

Kiki Kaltwasser

VERLADE-
TRAINING

Für Freizeit und Turnier

Müller
Rüschlikon

Einbandgestaltung: Katja Draenert
Titelfoto: Katrin Sdun, Stuttgart
Bildnachweis: Inge Euglem-Meierrose, Essen (S. 11, 29, 30, 34, 48, 61, 77, 114),
Marc Kaltwasser, Linden (S. 21, 25, 62, 65, 118, 145, 147, 148, 158), Ketterer
Spezialfahrzeuge GmbH, Karlsbad (S. 140), Edgar Schöpal, Düsseldorf (S. 136),
Beatrix Schulte Wien, Dülmen (S. 71).
Alle anderen Fotos von Katrin Sdun, Stuttgart (Müller Rüschlikon Verlag).

ISBN 3-275-01420-X

Copyright © 2002 by Müller Rüschlikon Verlags AG,
Gewerbestraße 10, CH – 6330 Cham

1. Auflage 2002

Lektorat: Claudia König
Innengestaltung: Marit Wolff
Reproduktionen: digi bild reinhardt, 73037 Göppingen
Druck: Rung-Druck, 73033 Göppingen
Bindung: E. Riethmüller, 70176 Stuttgart
Printed in Germany

INHALT

VORWORT

Probleme beim Verladen sind weit verbreitet. Ob Turnier-, Dressur- oder Freizeitreiter, fast jeder stand schon einmal hilflos vor dem Hänger. Auf meinen Seminaren höre ich immer wieder von Teilnehmer, dass sie Schwierigkeiten beim Verladen ihrer Pferde haben. Wenn das Pferd nicht auf den Hänger geht, dann ist das nicht nur für alle Beteiligten nervend, sondern auch extrem zeitraubend. Für unsere vierbeinigen Freunde kann ein problemloses Verladen lebensrettend sein, wenn eine dringende, unerwartete Fahrt zur Tierklinik erforderlich wird.

Das Verladen eines Pferdes ist ein Thema, das zweifellos zu den schwierigsten in der Arbeit mit Pferden überhaupt gehört. Schwierig deshalb, weil es so viele Typen von Pferden gibt, die einer ganz individuellen Behandlung bedürfen und »Patentrezepte« einfach fehl am Platze sind. Schwierig auch deshalb, weil – wenn man es trainieren möchte –, jeder einzelne Trainingsschritt detailliert und nachvollziehbar dargelegt werden muss.

Kiki Kaltwasser gibt dem Leser aus ihrer langjährigen Erfahrung einen anschaulichen und verständlichen Ratgeber an die Hand, damit er das Verladeproblem mit seinem Pferd zusammen lösen kann. Verschiedene Verladetechniken und der Appell, sein Pferd immer wieder genau zu beobachten, bilden die Grundlage für ein erfolgreiches Training. Beobachtungsgabe und Fingerspitzengefühl werden bei den Übungen trainiert. Ich bin überzeugt davon, dass dieses Buch vielen Menschen helfen wird, ihr Pferd erfolgreich zu verladen.

Mike Geitner

ZU DIESEM BUCH

Von Menschen, Pferden, dem Reisen und Verladen

Früher: Der Mensch reist fast seit Anfang seiner Geschichte mit dem Pferd. Um 3500 v. Chr. wurde in Mesopotamien das Rad erfunden. Der Handel blühte auf, und Pferde wurden ein wichtiger Handelsfaktor. Innerhalb der nächsten eintausend Jahre entwickelte sich in Westasien und Südeuropa ein enges Handelsnetz. Knochenfunde von nordkasachischen Pferden im Südwest-Iran beweisen, dass auch hier das Pferd als Handelsware oder Reisebegleiter diente. 2000 v. Chr. reiste das Pferd mit seinem Begleiter, dem Menschen, meist als Zugpferd vor dem Streitwagen, um gegnerische Gebiete zu erobern. Entweder auf dem Landweg als Reittier wie bei den Mongolen oder auf dem Schiff wie bei den Wikingern um 874 zur Besiedelung Islands, bereisten Pferde die ganze Welt.

Noch heute findet ein schwunghafter Handel von Pferden aus allen Erdteilen auf dem Landweg, per Luftfracht – oder leider sogar – Seetransport statt. Dabei sind aus den früheren Zeiten Bezeichnungen von Orten oder Plätzen bis heute erhalten geblieben: Als Rossbreiten bezeichnet man z. B. noch heute jene Zonen nördlich und südlich des Äquators, wo oft wochenlang Windstille herrscht. Damals fuhren die Handelsschiffe der einstigen Großmächte mit Respekt diesen Zonen entgegen. Nicht selten passierte es, dass sie in den langen Tagen der Flaute vor sich hindümpelten und Nahrung und Wasser für Mensch und Pferd knapp wurden. So gingen mitgeführte Vierbeiner elend ein oder landeten vorher in Smutjes Kochtopf. Der Seetransport ist bis heute umstritten und gilt als nicht pferdefreundlich.

Heute: Hatte man damals keine andere Wahl, so könnten heute die Pferde per Luftfracht transportiert werden. Dies lohnt sich jedoch nicht für Händler, die Massentransporte von bis zu 120 Pferden organisieren und über See billig importieren. Da Pferde nicht erbrechen können, trotzdem aber durch Stress und das Auf und Ab der Wellenbewegung seekrank werden können, sterben noch heute viele Pferde – besonders Criollos bei ihrem Transport von Südamerika nach Europa. Die hier angelangten Tiere machen dann einigen Besitzern das Leben schwer, durch besondere Verladescheu.

Aber: Mobil sein mit dem Freizeitpartner Pferd, wer wäre dies nicht gerne? Gibt es etwas Schöneres, als zu sagen: »Ich fahre mit meinem Pferd in den Urlaub!«? Problemloses Verladen würde auch so manchem Turnierreiter zusätzlichen Stress vor der Prüfung ersparen.

Schön und gut, werden Sie vielleicht sagen, mein Pferd geht nicht auf den Hänger und muss es auch nicht. Schließlich will ich nur in meiner Gegend reiten. Was aber, wenn Ihr Pferd krank wird und ein Klinikaufenthalt unumgänglich ist? Oder nach einem Weideunfall, einer Kolik etc. Minuten über Leben und Tod Ihres Pferdes entscheiden können? Jetzt sollte sich Ihr Vierbeiner einfach verladen lassen. Rechtzeitiges Verlade-Training ist Pferdeschutz!

Vorab habe ich zwei Nachrichten für Sie: Eine gute und eine schlechte. Die Gute ist, dass stressfreies und sicheres Verladen für jeden erlernbar ist. Die Schlechte: Sie müssen selber aktiv werden und mit Ihrem Pferd trainieren. Es gibt keine Pillen und kein Händeauflegen, die alle Verlade-Probleme wegzaubern können. Deshalb zögern Sie das Verlade-Training nicht länger hinaus und beginnen jetzt, stressfrei zu trainieren. Bearbeiten Sie das 10 Punkte-Programm, und stellen Sie fest, wie einfach Verladen sein kann.

Halten Sie Ihre Fortschritte in dem beigefügten Verladetagebuch fest! Es zwingt Sie zur Selbstkontrolle und deckt Fehler in Ihrer Arbeit auf, die das Training ins Stocken bringen können. Dass dieses Verlade-Buch nicht nur Hängertypen, zulässige Gesamtgewichte und Fahrpraxis behandelt, ist vielleicht für einige Leser ungewohnt und Sie werden möglicherweise denken: »Puh, da hat sie aber weit ausgeholt«. Wichtig ist mir, die Darstellung der Vorarbeit wie z. B. das Trainieren des Anbindens, des Rückwärtstretens etc., weil es das Fundament des Verladens ist.

Es verändert die Sichtweise über Ihr Pferd garantiert, wenn Sie evtl. feststellen: »Klar die Stute konnte ja gar nicht auf den Hänger, weil … sie sich nicht anbinden lässt, … sie nicht rückwärts geht, … sie eine ganz andere Wahrnehmung hat, als ich«, und so weiter und so weiter. Vielleicht sind Sie geneigt, das eine oder andere Kapitel zu überschlagen, weil Sie sich fragen: Was geht mich Psychokybernetik an oder die Anwendung von Bachblüten? Meine Antwort ist wieder: Betrachten Sie das Problem ganzheitlich! Jedes Problem hat eine Ursache, die es herauszufinden gilt.

Übertragen auf das Pferde-Training kann ich von Reitern berichten, die nur zu gerne irgendein Mittel haben wollten, damit ihr Pferd wieder »funktioniert«. Nach jedem Strohhalm wird gegriffen, nur das wirkliche Problem wird nicht erkannt. »Pferdeflüstern« wird hochgejubelt und als »die Flüsterer« den Leuten erklärten, dass sie eigentlich ganz normale Pferdearbeit machten, ist die Enttäuschung groß. Wieder keine Methode, bei der man einfach die Hände in den Schoß legen und zusehen kann, wie sich Wasser in Wein verwandelt bzw. Pony Lumpi in ein L-Dressur-Pferd.

Sehen Sie mir diese deutlichen Worte nach, aber der schlimmste Feind ist die eigene Faulheit. Ich spreche aus Erfahrung!

In diesem Buch habe ich versucht, neben Informationen für Leute, die oft Pferde transportieren, verschiedene Ansätze und Denkanstöße zu geben, warum bei einigen das Verladen bis jetzt nicht funktionieren konnte.

Es würde mich freuen, wenn Sie ab jetzt Ihre Situation und die Ihres Pferdes als ganzheitlich betrachten und schon bald herausfinden, wo der Wurm drinsteckt. Vielleicht haben Sie neue Anregungen und Tipps erhalten und können so den Transport Ihres Pferdes noch weiter optimieren. Auf Ihre Erfahrungen bin ich gespannt und wenn Sie Zeit finden, schreiben Sie mir ein paar Zeilen.

Finden Sie heraus, wie schön es sein kann, einen neuen Zugang zu Ihrem Pferd zu bekommen. Ziel ist, die freiwillige Mitarbeit des Pferdes anzusprechen und zu fördern. Ist dieser Punkt einmal erreicht, ergibt sich vieles von allein.

Viel Spaß beim Lesen und viel Erfolg beim Trainieren nach den Übungen!

Ihre Kiki Kaltwasser
Kanada im Mai 2001

1. BASISARBEIT MIT DEM PFERD

> *Das Pferd ist Dein Spiegel.*
> *Es schmeichelt Dir nie. Es spiegelt*
> *Dein Temperament. Es spiegelt*
> *auch Deine Schwankungen.*
> *Ärgere Dich nie über ein Pferd;*
> *Du könntest Dich ebenso über*
> *Deinen Spiegel ärgern.*
>
> *Rudolf G. Binding*

Ausrüstung, Zeit und Sicherheit

Wie Sie im Weiteren sehen werden, spielen Ausrüstung, Zeit und Sicherheit beim Verladen und bei der gesamten Arbeit am Boden eine tragende Rolle. Trainiere ich ein Pferd am Hänger, habe ich immer eine Standard-Ausrüstung bei mir und ein Idealbild im Kopf, wie das Training ablaufen wird. Die Trainingsdauer bemesse ich an der Verfassung des Pferdes und sie überschreitet selten 20 Minuten.

So ist der Mensch gut ausgerüstet

Zur Standardausrüstung beim Verladen (aber auch bei der Bodenarbeit) empfehle ich feste Schuhe, Handschuhe und – je nach Pferdetyp – eine Kappe. Ein weiteres wichtiges Utensil ist die Uhr, um die Zeit im Auge zu behalten, denn trainiert wird – wie gesagt, konzentrierte 20 Minuten, nicht länger!

So ist das Pferd gut ausgerüstet

Zur Arbeitserleichterung empfehle ich das Monty Roberts' Dually-Halfter, auf dessen

Vorteile ich später noch eingehen werde. Durch den zweiten Nasenring des Halfters erreicht man ein schnelleres Trainingsergebnis und bei richtiger Anwendung besteht kein Anlass zur Sorge, das Pferd würde durch das Spezialhalfter abstumpfen.

Des Weiteren empfiehlt es sich, das Pferd beim Verlade-Training mit einem Leder-Kopfschutz auszurüsten, um die empfindlichen Kopf- und Wirbelpartien zu schützen. Den Leder-Kopfschutz werden Sie auf einigen Fotos in diesem Buch sehen.

Ein Sicherheitsplus sind Gamaschen an allen Pferdebeinen, jedoch sollten Sie das Pferd vorher an das Tragen des Beinschutzes gewöhnen.

■ **Handschuhe und Longe sind beim Verladen ein »Muss«.**

■ Schützen Sie Ihr Pferd vor Verletzungen, die beim Verladen auftreten können. Wenn möglich sogar mit einer Verladekappe. Sie deckt die empfindliche Kopfpartie ab.

Im Training führen Sie Ihr Pferd immer an einer Longe anstatt eines Stricks, um dem Pferd genügend Leine geben zu können, ohne dabei die Kontrolle über es zu verlieren.

Die Umgebung

Zum Training muss der Boden weich, aber rutschfest sein. Idealerweise Reithallenboden, Sandboden des Außenplatzes oder weicher Paddock-Boden. Die nähere Umgebung sollte

sicher umzäunt sein. Bei guten Wetterbedingungen eignet sich auch die Weide, aber bitte achten Sie darauf, dass das Pferd nicht ausrutschen kann. Auf keinen Fall wird auf der Straße verladen! Schließlich soll Ihr Verlade-Training nicht mit einem ausgebüxten Pferd enden, dem Sie auf der Hauptstraße hinterherlaufen müssen.

Die Zeit

»Zeit ist Geld«, sagt ein altes Sprichwort. Beim Verlade-Training spielt die Zeit aber nur in sofern eine Rolle, als dass wir sie genau im Auge behalten müssen, um unser Pferd nicht »sauer« zu machen. 20 Minuten voll konzentriert arbeiten reicht absolut aus! Sie sollten keinesfalls von Termindruck geplagt werden, denn sonst ist das Vorhaben zum Scheitern verurteilt. Zum Thema »Zeit« möchte ich Ihnen noch folgendes Zitat mit auf den Weg geben, in dem meines Erachtens eine Menge Wahrheit steckt: »Wenn Du zehn Minuten Zeit hast, um eine Sache zu trainieren, wird es vermutlich den ganzen Tag dauern, bis Du am Ziel bist. Hast Du aber den ganzen Tag Zeit, so brauchst Du wahrscheinlich nur zehn Minuten für Deine Übung.« *Monty Roberts.*

Der Sicherheitsaspekt

Beim Verladen sollte das Thema Sicherheit an erster Stelle stehen. Unser Freizeitpartner Pferd neigt als Fluchttier ab und an zu panischen Reaktionen. Deshalb sorgt der wache Blick des Pferdehalters zur rechten Zeit für Ruhe und Gelassenheit. Denken Sie »pferdisch«, und überprüfen Sie das gesamte Trainingsareal auf Gefahrenpunkte. Arbeiten Sie wie ein Profi und checken vor dem Betreten den Hänger auf seine Standfestigkeit. Achten Sie darauf, dass die Handbremse angezogen ist etc. Dies verleiht Ihrer Arbeit einen wertvolles Prädikat, denn nur so arbeiten Profis …

Jetzt heißt es lernen!

Die Pferdeschule

Versetzen Sie sich bitte einen Moment zurück in Ihre Schulzeit. Haben Sie jetzt angenehme Erinnerungen oder eher unangenehme? Dreisatz oder Bruchrechnen, das Diktat oder der Englischaufsatz noch gut im Gedächtnis? Und wie waren Ihre Lehrer? Waren Sie verständnisvoll, haben Sie alles mehrmals erklärt und Sie dabei motiviert? Haben Sie einen interessanten, abwechslungsreichen Unterricht erfahren? Oder war es eher eine Qual für Sie mit lärmenden, überforderten Mitschülern, schreienden Lehrern und einem langweilig und monoton gestaltetem Unterricht?

Was heißt das nun für unser Verlade-Training? Fest steht, dass jeder am besten in einer entspannten und vor allen Dingen angstfreien Umgebung lernen kann. Überlegen Sie, was Sie anders oder besser machen möchten. Ihr Pferd ist nun Ihr Schüler und Sie sind der Lehrer.

Das Pferd als Schüler …

- braucht viel Abwechslung.
- hat nicht immer Lust auf Lernen.
- hat – je nach Alter – Flausen im Kopf.
- verliert nach einer gewissen Zeit sein Konzentrationsvermögen.
- sieht nach seinen Kameraden und lässt sich ablenken.
- ist vielleicht mit einer schwierigen Aufgabe überfordert.
- braucht viel Lob und Anerkennung, damit es weiter motiviert ist.

Der Pferdehalter als Lehrer …

- wird nicht von Zeitdruck geplagt.
- ist mit seinen Gedanken ganz bei der Sache.
- lässt sich durch nichts aus der Ruhe bringen.
- ist geduldig und zeigt dem Pferd verständlich, was er von ihm möchte.
- lobt viel und ist sehr konsequent.
- ist niemals ungerecht oder aggressiv.

Auf das kommt es an!

Die komplette Trainingseinheit beträgt in der Regel 40 Minuten. Zehn Minuten gehören am Anfang dem Aufwärmtraining (auch beim Verlade-Training!) und zehn Minuten am Ende der Entspannung. Die Phase, in der etwas Neues oder Anstrengendes erarbeitet wird, sollte höchstens 20 Minuten dauern.

Loben Sie Ihr Pferd sooft es geht. Lieber eine Strafe auslassen und unerwünschtes Verhalten einfach ignorieren. Jeder kleinste Fortschritt wird belohnt.

Denken Sie daran, dass es keinen Zweck hat, sich mit +/– 400 Kilo anzulegen. Deshalb Schluss mit der alten Regel, »das muss das Pferd jetzt machen«.

Brechen Sie eine schwierige Übung in kleine, leichtere Teilstücke auf, die wieder mit einer Belohnung enden. So erreichen Sie schneller Ihr Ziel, und Ihr Pferd bleibt motiviert!

Deshalb: Hören Sie Ihr Training immer bei einer geglückten Übung auf. Keine Wiederholung von gerade Erreichtem!

Sehen Sie die Zeit, die Sie mit Ihrem Pferd verbringen, als wertvoll an, und gestalten Sie sie auch so bewusst.

Das sollten Sie im Umgang mit Ihrem Pferd beachten!

1. Ein Pferd ist ein Herdentier

Deshalb halten Sie ein Pferd niemals allein. Sie wissen, dass es bei Trennungen durch Transport oder Wegreiten vom Stall zu Problemen kommen kann. Sie fixieren Ihr Pferd auf sich und sind ihm ein guter Führer. Wenn das Pferd dann dem Menschen vertraut, ist ein Wegreiten oder Weggehen von der Gruppe kein Problem mehr.

2. Das Pferd ist ein Fluchttier

Deshalb suchen Pferde ihr Heil in der Flucht vor allem, was ihnen als bedrohlich, unbekannt oder unverständlich erscheint. Gehen wir Menschen mit Pferden um, müssen wir diesen Umstand immer im Hinterkopf behalten. Dies verlangt, dass wir dem Pferd Sachen in Ruhe »erklären« müssen, damit es, anstatt zu fliehen, Neugier zeigt.

3. Das Pferd bewegt sich in Freiheit bis zu 50 km pro Tag fort, um in kleinen Portionen zu fressen

Deshalb ist eine annähernd artgerechte Haltung eine Pflicht für jeden Pferdefreund. Pferde brauchen viel Bewegung und ausgewogenes Futter, um gesund zu bleiben.

4. Das Pferd nimmt anders wahr als der Mensch

Das Pferd sieht und hört anders als der Mensch. Als ehemaliges Steppentier und Beutetier für Fleischfresser sind seine Sinne bis heute feiner geblieben. Das erklärt manche Fluchtreaktion, bei der ein Mensch nicht einmal den Auslöser hört oder sieht. Halten Sie Ihr Pferd also nicht für »spinnig«, sondern suchen Sie den Fehler in Ihrer Wahrnehmung!

5. Pferde sollten Gegenstände von beiden Seiten betrachten, um sie zu begreifen

Durch die Anordnung der Augen seitlich am Kopf haben Pferde eine andere bildliche Wahrnehmung als Menschen. Um ein dreidimensionales Bild in ihrem Kopf entstehen zu lassen, sollten wir ihnen deshalb Gegenstände von beiden Seiten zeigen.

6. Pferde haben ein gutes Gedächtnis

Das erleben wir nicht nur am Pferdehänger, wenn sie nach einer unsanften Fahrt oder gar einem Unfall nicht mehr einsteigen wollen. Der Geruch des Tierarztes oder der Anblick einer Spritze lässt einige Pferde regelrecht ausflippen. Da sie aus Erfahrung lernen, speichern sie für sich ab, was gut ist, wo Futter zu finden ist oder wer ihnen Schmerzen zugefügt hat. Bei traumatisierten Pferden hat man festgestellt, dass z. B. ein Geruch ausreicht, um sich an eine schmerzhafte Situation zu erinnern (z. B. Hufschmied).

7. Pferde spüren es, wenn Menschen Angst haben

Durch die andere Wahrnehmung sehen Pferde an der Silhouette eines bekannten Menschen, ob dieser verkrampft ist. Kleinste Veränderungen in der Gestalt – für Menschen meist nicht wahrnehmbar – verraten den Pferden unsere Stimmungslage. Weiterhin forschen Wissenschaftler, ob auch Botenstoffe in menschlichen Ausdünstungen von den Pferden geruchlich dekodiert werden können (z. B. Adrenalin).

8. Pferde reagieren empfindlich auf Berührungen

Bereits eine Fliege bringt das Pferdefell zum Zittern. Dass die Pferdehaut empfindsam auf jede Berührung reagiert, sollten wir immer beachten. Was passiert, wenn wir ein Pferd mit einer Gerte schlagen, kann sich nun jeder ausmalen.

9. Pferde wollen dem Menschen gefallen

Betrachten Sie das Gros der Pferde und registrieren Sie, wie sie für uns arbeiten. Egal ob im Geschirr, unter dem Sattel, auf der Rennbahn, in der Dressur oder im Springen. Mit Leichtigkeit könnten sie sich widersetzen, da sie viel stärker sind als Menschen. Aber: Sie lassen alles willig geschehen und leisten Großartiges für »ihren« Menschen. Widersetzen sie sich, haben sie einen triftigen Grund!

10. Um ein Pferd zu trainieren, müssen Sie geduldig sein

Wie in der Schule gilt: Nur in einer ruhigen Atmosphäre kann ein optimaler Lernerfolg erzielt werden. Aggressionen und Einschüchterungen jedweder Art bringen keinen Erfolg. Wenn doch, dann ist er nur von kurzer Dauer.

11. Ein Pferd ist bestrebt, sich fortzupflanzen

Deshalb sollte man sich überlegen, ob man einen Hengst artgerecht halten kann. Viele Probleme in der Hengsthaltung resultieren aus diesem Grund.

12. Pferde lesen unsere Körpersprache, wir können auch ihre lesen

Pferde bemühen sich, unsere Sprache zu verstehen. Und vielen Menschen ist die »Sprache der Pferde« inzwischen bekannt. Wer genau beobachtet, wird immer wieder neue Zeichen an seinem Pferd entdecken.

13. Pferde haben es gerne, wenn sie gelobt werden

Das Lob ist ein wesentlicher Bestandteil in der Beziehung zwischen Pferd und Mensch und wichtig für jedes erfolgreiche und motivierte Training. Pferde hören am Klang unserer Stimme, wie und ob wir mit ihnen zufrieden sind.

14. Pferde brauchen klare Regeln

Wie auch in der Pferdeherde, brauchen sie im Zusammensein mit Menschen klare Regeln und Grenzen. Sie zu beachten, ist nicht nur ein Schutz für den Menschen, der mit dem Pferd umgeht, sondern sie geben dem Pferd das Gefühl beschützt zu werden.

15. Wer sein Pferd zu etwas zwingt, hat das Pferdewesen nicht verstanden

Gutes Pferde-Training basiert auf Geduld, Konsequenz und Lob. Deswegen ist es falsch, sein Pferd zu etwas zu zwingen. Mit Kreativität und gutem Training folgt ein Pferd freiwillig.

16. Wer kürzer mit seinem Pferd arbeitet hat länger etwas davon

Kurze Arbeitseinheiten erhalten die Motivation und erlauben bei einer erfolgreichen Übung aufzuhören. Wer einmal in der Woche sein Pferd aus dem Stall holt (»Ich kann leider nur am Wochenende ...«), um dann stundenlang in der Halle oder im Gelände zu gurken, sollte sich lieber ein Fahrrad zulegen!

Quelle: Horse & Rider, England Nr. 1–8, 10, 12, 13, 1999.

Ihr Arbeitsmittel – das Halfter

Ich werde Ihnen eine neue Verlade-Methode nahe bringen, bei der Sie keinerlei Druck auf die Hinterhand des Pferdes ausüben werden. Das Druckhalfter macht meines Erachtens diese Art des Verladens erst möglich, daher setze ich es voraus. Bekannte, auf dem Markt erhältliche Druckhalfter mit mehr oder weniger geeigneter Wirkung sind z. B. das Parelli-Halfter, das Rai-Bändele, das Geitner-Halfter,

das Diamond-Halfter, das Lindel oder das Dually-Halfter. Zur Bodenarbeit und zum Verladen benutze ich das von Monty Roberts entwickelte und patentierte Dually-Halfter. Durch die dreifache Verwendungsmöglichkeit als Reit-, Stall- und Trainingshalfter erscheint mir das Dually-Halfter am Komfortabelsten. Seine ebenfalls dreifach vernähten Laschen garantieren mir absolute Sicherheit und dass es im Ernstfall nicht reißen wird.

An dieser Stelle auch gleich ein Appell an alle Bastler: Alle Versuche von mir, herkömmliche Halfter umzuarbeiten sind misslungen. Irgend-

■ Das Monty Roberts' Dually-Halfter.

wann riss immer eine Öse oder es platzte eine Naht auf. Hier sollte man einfach nicht am falschen Ende sparen und der Sicherheit des Pferdes Rechnung tragen. Lieber die Leckerlis selber backen oder eine alte Stalldecke nochmals ausbessern, dafür aber auf jeden Fall ein Qualitätshalfter erwerben.

Aufbau und Wirkungsweise von Druckhalftern

Generell sind alle Druckhalfter so aufgebaut, dass unerwünschte Reaktionen des Pferdes mit unkomfortablen Gefühlen für das Pferd belegt werden. Das Dually Halfter wirkt verstärkt auf den Nasenrücken des Pferdes durch ein zusätzlich eingearbeitetes flexibles Seil. (Es wird nichts durch das Pferdemaul gezogen.) Sie können die Longe in eine Trainings-Öse (auf der Seite, auf der geführt wird), oder z. B. die Zügel in die Trainings-Ösen einhaken. Festbinden dürfen Sie das Pferd niemals an den Trainings-Ösen! Dafür steht der normale Halfterring unter dem Kinn zur Verfügung. Fast jeder, der das Halfter zum ersten Mal sieht, fragt: »Das zieht sich zu an der Nase, oder?«. Die automatische Antwort ist dann: »Ja, aber viel wichtiger ist Ihr Nachgeben!«.
Wobei wir schon mitten in der Beschreibung der Wirkung wären: Das Richtige für das Pferd angenehm machen, das Falsche unangenehm, ist eines unserer Trainingsgrundsätze. Geht der Vierbeiner beim Führen neben Ihnen her wie gewünscht, hat das Halfter keinen Einfluss auf den Tragekomfort. Überholt oder überrennt Sie das Pferd, bringen Sie, nachdem das Pferd zwei bis drei Meter von Ihnen entfernt ist, Zug auf das Halfter. Hier gilt es dosiert vorzugehen. Halten Sie nur soweit dagegen, dass Ihr Pferd einen unangenehmen Widerstand bemerkt. Dabei sollten Sie nicht sprechen, damit das Pferd den unangeneh-

men Druck nicht mit Ihnen in Verbindung bringt. Die speziellen Übungen sind im Abschnitt Bodenarbeit nachzulesen.
Was ist nun der Lerneffekt für das Pferd? Das Pferd lernt, wie es sich selbst von Druck befreien kann. Es lernt, dass Sie seine Komfortzone sind.

So sitzt das Halfter richtig

Momentan gibt es das Monty Roberts' Dually-Halfter in drei Größen, wobei die Größe die Farbe bestimmt (klein = rot, mittel = braun,

■ **Nachgeben ist das Wichtigste bei der Arbeit mit dem Dually-Halfter. Ohne Nachgeben erzielen Sie keinen Lernerfolg beim Pferd.**

■ **Druck auf die Longe geben bedeutet nicht ziehen oder zerren, sondern ist eine kleine Handbewegung.**

groß = blau). Auf einer aus den USA mitgelieferten Broschüre sind nochmals die wichtigsten Punkte beschrieben und als Skizze dargestellt. Richtig angepasst ist das Dually, wenn es fest, aber bequem am Kopf des Pferdes sitzt und das zusätzliche Seil über der Nase Spiel zum Nachgeben hat.

Zu beachten

Vor dem Training – ob Bodenarbeit oder Verlade-Training – müssen Sie Ihr Pferd unbedingt mit der Wirkungsweise eines Druckhalfters vertraut machen. Es muss lernen, welche Lösungsmöglichkeiten es hat, diesem Druck zu entgehen. Spezielle Übungen dazu finden Sie in dem Abschnitt »Die feine Führschule«.

Controlling und Harmony

Kontrolle und Harmonie sind die beiden Begriffe, die ein erfolgreiches Miteinander mit dem Freizeitpartner Pferd prägen. Für die Kontrolle gilt: So viel wie nötig, und für Harmonie gilt: So viel wie möglich.
Sicher haben Sie auch schon die verschiedensten Pferd-Reiter-Paare beobachtet und festgestellt, dass es darunter einige gibt, die gut zueinander passen. Man ist von der Eleganz des Zusammenspiels begeistert und erhält den Eindruck, Pferd und Reiter sind Eins, und das nicht nur beim Reiten, sondern auch im Umgang. Andere Paare sehen zusammen absolut unharmonisch aus. Der Reiter reißt und zieht sein Pferd beim Führen ständig, obwohl das völlig unnötig ist. Harmonie im Umgang mit dem Pferd ist durch drei Umstände zu erreichen:
1. durch gutes Fachwissen.
2. Wenn man keine Angst vor dem Pferd hat.
3. durch Konsequenz.

Man muss sein Pferd immer kontrollieren. Ja, Sie haben richtig gelesen: Immer! Es gibt kein Zusammensein mit dem Pferd, bei dem Sie ihm nicht beweisen müssen, dass Sie der Führende in dieser Zweier-Beziehung sind. Denn es fragt ständig ab: »Bist Du noch in der Lage mich zu führen oder mir Sicherheit zu geben?«. Wenn diese Frage ausreichend von uns beantwortet wird (z. B. durch klare Körpersprache, durch Vorgabe von Richtung und Geschwindigkeit beim Führen) können Sie wieder zurückfinden zur Harmonie (loben, die Situation dem Pferd angenehm machen durch stehen bleiben und verschnaufen lassen etc.).
Eine Disziplinierung mit sanften, aber bestimmenden Mitteln ist meiner Meinung nach die beste Pferdeerziehung und führt auf Dauer sicher zu einem Zustand, den man als harmonisches Miteinander bezeichnen kann. Bitte denken Sie an diese Grundlage bei Ihrer weiteren Arbeit.
Oft wird Konsequenz leider mit Strafen verwechselt, was jedoch nichts miteinander zu tun hat. Konsequenz bedeutet nach meiner Definition in Bezug auf Pferde: Es dem Pferd innerhalb seiner Grenzen so angenehm wie möglich zu machen, damit es diese erst gar nicht verlässt. Kommt es trotzdem – aus welchen Gründen auch immer – in den Grenzbereich oder verlässt es diesen sogar, reagiere ich sofort mit einer Korrektur, also mit einem unangenehm Machen dieser Situation (Rückwärtsrichten, im Kreis laufen lassen, Vor- und Zurückgehen etc.). Reagiere ich nicht sofort, muss ich damit rechnen, dass mein Pferd mich nicht mehr ernst nimmt und mich schon morgen überrennt, beißt oder tritt.
Erfahren Sie nachfolgend mit welcher einfachen Übungen Sie erreichen werden, dass Ihr Pferd aufmerksam wird und Sie zu respektieren lernt.

Entspann dich!

Sie rüsten Ihr Pferd mit dem Dually-Halfter aus und haken die Longe ein. Gehen Sie zum Trainieren auf einen umfriedeten Platz mit weichem Boden. Das kann ein Paddock, ein Außenplatz, eine trockene Wiese oder idealerweise die Reithalle sein, die Sie für sich haben sollten. Um die Aufmerksamkeit Ihres Pferdes auf sich zu ziehen, machen Sie folgende Übung, die Sie später auch dann wiederholen können, wenn Ihr Pferd nervös ist. Stellen Sie sich vor den Kopf des Pferdes und geben Sie leicht mit der Longe Zug nach

■ **Rechts oben: Das Pferd trägt den Kopf hoch und entspannt sich nicht. Controlling durch leichtes Zupfen an der Longe nach unten.**

■ **Rechts: Harmonie – das Pferd entspannt sich nun.**

■ **Bereiten Sie dem Pferd ein angenehmes Gefühl durch Loben. Das Pferd lernt, sich in Ihrer Gegenwart zu entspannen.**

unten, so dass Ihr Pferd den Kopf in Richtung Boden senkt. Immer wenn Ihr Pferd nachgibt und den Kopf senkt, lassen Sie den Druck nach und loben es. Wichtig ist, dass Ihr Pferd dabei nicht nach rechts oder links schaut, sondern sich absolut auf Sie konzentriert. Korrigieren Sie es, wenn es zu einer Seite sieht. Sehen Sie dem Pferd dabei in die Augen, und wenden Sie den Blick nicht ab. Ihre Gedanken sind bei dieser Übung und nicht wo anders! Ist der Kopf des Pferdes unterhalb der Waagerechten und verweilt dort, wird das Pferd ausgiebig durch Reiben zwischen den Augen oder Reiben am Hals gelobt. Bleiben Sie eine Minute so stehen und beobachten Sie dabei Ihr Pferd. Es wird sich sichtlich entspannen und sich in Ihrer Gegenwart wohl und behütet fühlen.

Was bewirkt nun diese kleine Geste des Kopfsenkens? Bei sehr nervösen und trippeligen Pferden, die ständig ihren Kopf in den Wolken tragen, nenne ich es »Zwangsentspannung«. Aber auch für alle anderen Pferde ist es eine gute Entspannungsübung. Pferde können lernen, sich auf ein bestimmtes Zeichen hin zu entspannen (beim Reiten ist das Signal z. B. der hingegebene Zügel).

Gut zu beobachten ist die Bedeutung des Kopfsenkens innerhalb der Herde. Nachdem alle Pferde die Köpfe hochreckten, um zu sehen, was los war, senken sie nacheinander die Köpfe, um weiter zu grasen: Grasen = Kopfsenken = Entwarnung, Entspannung, weiterfressen, es besteht keine Gefahr mehr.

Entlassen Sie Ihr Pferd mit einem herzhaften Lob aus dieser Lektion, und gehen Sie zur nächsten Controlling-Übung über.

So genannte »Dominanz-Probleme« sind die häufigste Ursache dafür, dass ein Pferd verkauft wird oder – im schlimmsten Fall – zum Schlachter geht. Zu den Problemen kommt es oft dadurch, dass die Besitzer zu wenig über Umgang und Erziehung von Pferden wissen.

Kommunikation mit dem Pferd

Das TEF-Training

Vertrauen aufbauen, aber wie? Hierzu möchte ich Ihnen das TEF-Training vorstellen, was ich auf einer kanadischen Quarter-Horse-Ranch kennen gelernt habe. In den USA und Kanada ist die Arbeit mit Pferden im Round Pen sehr verbreitet. Dieser »Mini-Reitplatz« – ein Rund von 16 Meter Durchmesser mit meist geschlossener Holzumzäunung – garantiert den Cowboys eine störungsfreie und konzentrierte Atmosphäre. In Nordamerika sind verschiedene Varianten bekannt, wie man mit Pferden im Pen arbeitet. Ein, manchmal sogar zwei, drei oder mehr Pferde werden gleichzeitig im Pen gearbeitet. Leider geht es nicht immer gewaltfrei und friedlich zu.

Die Methode, die ich Ihnen vorstellen möchte, ist gewaltfrei und man baut mit ihr Vertrauen auf. Sie heißt im Original Chase-Invite-Follow, was ich übersetzt habe mit Treiben-Einladen-Folgen*. Kurz genannt: TEF-Training. Jedes Jahr verbringe ich mehrere Wochen in British Columbia (Kanada), wo meine Freundin eine Quarter-Horse-Ranch betreibt. Ihre Pferde sind das ganze Jahr über auf einem mehrere hundert Hektar großen Grundstück. Durch diese Haltung – fern ab vom Menschen – besteht das Problem, dass die Pferde menschenscheu werden. Also muss man sie erst einmal wieder an den Menschen gewöhnen

---

* Bitte nicht verwechseln mit dem Join-Up von Monty Roberts. Um Join-Up zu erlernen, können Sie z. B. das deutsche Monty-Roberts-Learning & Training-Center aufsuchen. Nur dort können Sie die von Monty Roberts ausgearbeiteten Feinheiten des Join-Up erlernen.

■ **Abbildungen rechts:**
1: Treiben: Körperposition hinter dem Pferdekörper (außerhalb des Trittradius).
2: Richtungswechsel: Die eigene Position vor den Pferdekörper bringen.
3: Einladen: Passiv agieren, das Pferd zu sich einladen.
4: Loben: Das Pferd baut in Ihrer Nähe Vertrauen auf und wird für sein Herkommen gelobt.
5: Folgen: Das Pferd folgt freiwillig in jede Richtung, die eingeschlagen wird.

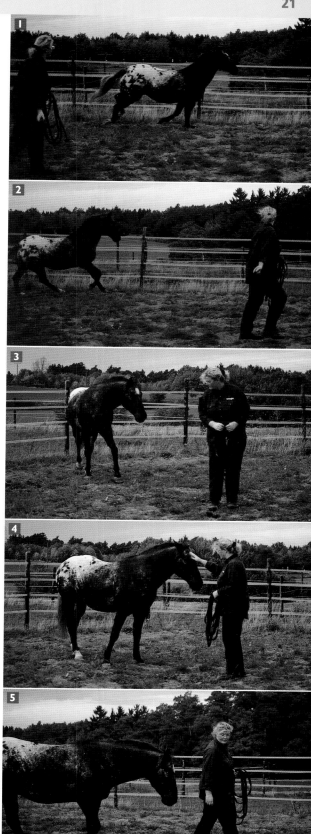

und ihnen signalisieren, dass man nichts Böses mit ihnen vor hat.

In Deutschland gehe ich einfach in den Stall, stülpe dem Pferd ein Halfter über und arbeite mit ihm in der Halle oder auf dem Platz. Auf der Ranch muss ich mich zuerst dem Pferd nähern und abwarten, bis es zulässt, dass ich ihm ein Seil oder Halfter anlege. Dieser Vorgang wird in British Columbia in einem großen Corral, einer Art Paddock, durchgeführt und dauert nach der dortigen Praktik drei, vier oder fünf Tage. In diesem Corral bewegen sich alle Pferde frei, und man geht ganz langsam zwischen ihnen umher. Ziel am ersten Tag ist es nur, dass das Pferd, mit dem man arbeiten möchte, eine Berührung zulässt. Dies wird in den nächsten drei, vier Tagen soweit in Richtung Pferdekopf gesteigert, bis sich das Pferd ein Seil um den Hals legen lässt. Dann führt man das Pferd behutsam in den Round Pen und die Kommunikation mit ihm beginnt.

TEF ist Körpersprache

Das TEF-Training ist die non-verbale also wortlose Verständigung zwischen Mensch und Pferd. Eine kürzlich an der Universität von Los Angeles durchgeführte Studie hat ergeben, dass sogar zwischen Menschen 93 %

aller Verständigung non-verbaler Natur ist. Verständigung wird durch unterbewusst gesendete und unterbewusst empfangene Signale geleistet. Allein die Körpersprache und die damit ausgesendeten Signale beeinflussen bei dem Gegenüber Zustimmung oder Ablehnung.

In der Herde verständigen sich Pferde überwiegend in ihrer Körpersprache. Dabei erkennt man immer wiederkehrende Verhaltensmuster. Wird ein Pferd von einer Herde abgesondert, ist es in freier Wildbahn höheren Gefahren ausgesetzt als in der Herde. Dabei muss man gar nicht so weit ausholen mit Argumenten wie: Das Pferd wird von Raubtieren gefressen. Vielmehr bedeutet die Herde eine Art Komfortzone. Spielen mit den Artgenossen, Gesellschaft, gegenseitige Fellpflege durch Kraulen, Fliegen wegwedeln (Kopf-Schweif-Stellung) und natürlich auch Schutz der Gemeinschaft. Wird ein Pferd von einem anderen aggressiv von der Herde weggescheucht, so ist es bestrebt, wieder in die Gemeinschaft aufgenommen zu werden. Dabei zeigen die vertriebenen Pferde immer wieder zu beobachtende Verhaltensmuster, wie z. B. das Kopfsenken, schlecken mit der Zunge und Kaubewegungen sowie »herangrasen« in Richtung der Herde. Durch bestimmte Körperhaltungen (von aktiv zu passiv) nehmen die anderen Artgenossen den Ausgestoßenen schließlich wieder auf, der danach eine besondere Nähe zu der Herde zeigt. Gerafft kann man diesen Vorgang in drei Phasen unterteilen:

1. Absondern
2. Wiedereinladen
3. Folgen

Wir versuchen, diese drei Phasen bei unserer Arbeit mit unserem Pferd in einem Round Pen nachzuahmen. Denn: Wenn wir uns diese Art der Pferde-Sprache zu Nutze machen,

erreichen wir, dass uns das Pferd als seine Komfortzone ansieht. Ein Band des Vertrauens wird gebildet. Es ist ein positiver Anfang, so mit dem Pferd zu arbeiten und Ausgangsposition für die Bodenarbeit.

Das TEF-Training hilft beim späteren Training in Bezug auf die Herstellung der natürlichen Rangfolge gegenüber dem Menschen. Natürlich sind alle diese Dinge, wie Vertrauen und Rangfolge, auch mit anderen Techniken zu erreichen. Wer also keine Möglichkeit hat, sein Pferd gefahrlos frei um sich laufen zu lassen, sollte nun nicht verzweifeln. Das TEF-Training soll als eine von vielen Arten verstanden werden, Vertrauen aufzubauen. Machen wir uns also den natürlichen Ablauf zwischen den Pferden zu Nutze und bringen die Verhaltensweisen in einen bestimmten Ablauf:

Treiben

Nehmen Sie Ihr Pferd an Halfter und Longe und bringen Sie es in einen Round Pen oder eine ähnlich sichere Umgebung. Achten Sie dabei auf den Durchmesser des Zirkels. Zu kleine Pens oder Longierzirkel bewirken, dass Sie automatisch zu viel Druck auf das Pferd ausüben. Ein Durchmesser von mindestens 16 Metern sollte gewählt werden. Streichen Sie Ihr Pferd erst einmal am Hals ab und clippen Sie die Longe los. Dabei entfernen Sie sich in Richtung Hinterhand Ihres Pferdes (bitte außerhalb des Trittradius aufhalten). Sehen Sie Ihrem Pferd dabei in die Augen. Halten sie sich in der Mitte des Pens auf, und treiben Sie Ihr Pferd mit Hilfe Ihrer Körpersprache (ohne Stimme) so an, dass es gleichmäßig an der Umzäunung des Pens trabt oder galoppiert. Sie können unterstützend das Longenende in Richtung Hinterhand Ihres Pferdes werfen. Nun werden Sie bereits feststellen, wie viel Druck Sie aus der Mitte des Pens auf Ihr Pferd ausüben müssen/dürfen. Einige Pferde vertragen nur sehr wenig Druck und geraten schnell in Panik. Denken Sie daran, dies soll eine vertrauensbildende Übung sein.

Zum Treiben ist Ihre Position immer leicht versetzt hinter dem Pferd. Lassen Sie es ca. fünf bis zehn Runden auf einer Hand traben/galoppieren. Wichtig ist, dass Ihr Pferd nicht in wilder Flucht am Zaun entlang rennt, sondern in einem getragenen Tempo gleichmäßig Runde um Runde absolviert. Nun leiten Sie einen Richtungswechsel ein. Schneiden Sie in ruhigen Bewegungen Ihrem Pferd den Weg ab. Sie werden merken, dass sobald Sie sich auf Höhe der Vorhand Ihres Pferdes befinden, es von alleine abstoppt und die Richtung wechselt. Den Zeitpunkt für den Wechsel bestimmen Sie. Wie beim Reiten beweisen Sie hier Ihre Dominanz, durch Ihre Vorgabe von Richtung und Geschwindigkeit. Wieder lassen Sie Ihr Pferd fünf bis zehn Runden traben/galoppieren.

Probieren Sie aus, wie sehr Ihr Pferd auf Ihren Blick reagiert: Wird es langsamer, wenn Sie Ihre Augen von seinen Augen auf seine Schulter wandern lassen? Wird es schneller, wenn Sie ihm wieder direkt in die Augen sehen? Danach leiten Sie nochmals einen Richtungswechsel ein und lassen Ihr Pferd ca. fünf Runden im Schritt gehen. Halten Sie es im Schritt. Nun darf es ebenso wenig in ein höheres Tempo verfallen, wie bei den Vorrunden in ein niedrigeres. Sehen Sie Ihrem Pferd weiter in die Augen und beobachten Sie das Spiel seiner Ohren.

Einladen

Meist fangen die Pferde an zu schmatzen, lecken ihr Maul und senken den Kopf. Ein Zeichen für Sie, Ihre aktive Haltung aufzugeben und sich mit der Bewegungsrichtung des Pferdes in die Mitte des Pens zu drehen. Ihre vorher aufrechte, gestreckte Körperhaltung wird nun entspannter und leicht passiv. Sie

sehen dem Pferd nicht mehr direkt in die Augen, sondern schauen auf den Boden. Ihr Pferd sollte sich nun von dem Rand der Umzäumung lösen und auf Sie zukommen. Behalten sie Ihr Pferd leicht aus den Augenwinkeln im Blick und loben Sie es, wenn es neben Ihnen steht. Löst es sich nach einiger Zeit nicht vom Hufschlag, gehen Sie in einem leichten Zick-Zack-Weg auf Ihr Pferd zu und sehen Ihm dabei auf die Hufe. Ein Blickkontakt (Auge in Auge) wäre hier wieder die Aufforderung zum Loslaufen. Gehen Sie an Ihm vorbei und ermuntern es durch Ihre Körpersprache mitzukommen.

Folgen

In den meisten Fällen wird Ihr Pferd Ihnen nun folgen, ohne dass Sie die Longe angeclippt haben. Eine natürliche Reaktion, die ca. 90 % der Pferde zeigen, wenn Sie zu Ihnen Vertrauen gefasst haben. Gehen Sie mit dem Ihnen folgenden Pferd in dem Pen umher. Wichtig ist hierbei Ihr entschlossener Gang und eine gleichmäßige Schrittgeschwindigkeit. Halten Sie ab und zu an, loben Sie Ihr Pferd und ändern Sie dann die Richtung. Achten Sie darauf, keine schnellen und ruckartigen Bewegungen zu machen. Nach ca. ein bis zwei Minuten machen Sie Schluss mit dieser Übung, bleiben stehen und loben Ihr Pferd. Verharren Sie noch eine Weile im Pen, denn häufig legen sich die Pferde nieder und wälzen sich voller Vertrauen in der Nähe ihrer Besitzer.

Was Sie beachten müssen:

Die Zeit

Kein Pferd wird 20 Minuten im Pen herumgehetzt, wie es einige Trainer leider praktizieren. Dies hat nur etwas mit Mürbe machen zu tun, aber nicht mit Vertrauen aufbauen. Behalten Sie die Uhr also genau im Auge, oder arbeiten Sie nach den oben angegebenen Rundenzahlen. Ranghohe und rang-niedrigere Pferde benötigen unter Umständen bis zu zehn Runden auf einer Hand. Der Erfolg des TEF hängt von Ihnen ab, wie gut Sie es verstehen, Ihr Pferd zu deuten.

Wo kann ich das TEF durchführen?
Trainiert wird nur an einem Ort mit sicherer Umfriedung (kein Elektrozaun), am günstigsten in einem Round Pen oder Longierzirkel mit mindestens 14 Meter Durchmesser, der Boden muss weich und rutschfest sein. Sie sollten nie mit zu viel Druck arbeiten, denn Ihr Pferd könnte dann während des TEF-Trainings über die Absperrung springen, das darf Ihnen nie passieren.

Womit treibe ich?
Ihre treibende Hilfe ist Ihre Körpersprache. Wenn nötig kann das Pferd mit dem weichen Ende der Longe etwas aufgemuntert werden. Sie dürfen keine Longiergerte oder ein ähnlich starres Instrument zum Treiben verwenden, das würde Ihr Pferd von dem Wesentlichen Ablenken, nämlich dem Reagieren auf Ihre Körpersprache. Zudem wollen Sie mit dieser Übung Vertrauen aufbauen. Haben Sie also ein Pferd im Pen, das mit einer Gerte bereits schlechte Erfahrungen gemacht hat, wird es Ihnen nicht gelingen, das Pferd zu einem vertrauensvollen Miteinander zu überzeugen. Das Pferd würde dann nur kopflos vor Ihnen flüchten und an der Begrenzung des Pens entlangrennen.

Augenkontakt
Am Anfang sehen Sie dem Pferd direkt in das Auge, zum Einladen lassen Sie Ihren Blick auf den Boden gleiten.

Aufwärmen
Führen Sie Ihr Pferd zum Aufwärmen einige Runden über den Platz. Kein Pferd darf aus

der Box in den Zirkel gesteckt und gleich zehn Runden im Galopp getrieben werden.

Wann und wie oft soll ich das TEF anwenden?
Wenden Sie das TEF-Training an, wenn Sie Ihr Pferd neu erworben haben oder den Eindruck haben, dass Ihre Vertrauensbasis gestört ist. Auf keinen Fall wird dieses vertrauenbildende Training jeden Tag angewandt oder regelmäßig in den Trainings-Plan integriert. Es sollte immer eine besondere Maßnahme bleiben. Eine Empfehlung zu geben, »wie oft« ist sehr schwierig, das überlasse ich Ihrer Einschätzung. Generell gilt: Bestehen keine akuten Probleme in diesem Bereich und folgt Ihnen das Pferd vertrauensvoll, sollte das TEF-Training nicht angewendet werden. Aus meiner Erfahrung hat es Pferde gegeben, die bei zu häufiger Anwendung dann wie dressiert auf Sie zulaufen (oder sogar aggressiv werden). Dies soll nicht der Effekt sein. Es ist ja gerade der Unterschied zu einer Dressur, dass das Pferd beim TEF-Training freiwillig zu Ihnen kommt.

Wann soll ich das TEF nicht anwenden?
Wie oben bereits erwähnt
a) Wenn Ihr Pferd Ihnen bereits folgt. Würden Sie es nun wegtreiben, wäre es ein Vertrauensbruch für Ihr Pferd.
b) Kranke, lahme, tragende und alte Pferde werden selbstverständlich nicht für das TEF-Training genommen.

Nachteile:
Zu Missverständnissen kann es kommen, wenn Sie Ihr Pferd longieren, da es nun darauf achtet, wann Sie es zu sich einladen. 30 Minuten im Kreis laufen erscheint unserem Energiesparer-Pferd als unsinnig. Möchten Sie Ihr Pferd an der Longe arbeiten, dann kann die Doppellonge eine Alternative darstellen.

Ruhig stehen – das A und O

Unumgänglich und Voraussetzung für das Zusammensein mit dem Pferd – und später für ein erfolgreiches Hänger-Training – ist, dass sich Ihr Pferd problemlos anbinden lässt und ruhig stehen bleibt. Angebunden an einen normalen Balken etc. können Sie Ihr Pferd darauf trainieren, in Gefahrensituationen nicht in Panik zu geraten, z. B. wenn sich ein Bein im Strick verfängt, plötzlich ein lautes Geräusch hinter ihm ertönt oder ein anderes Pferd in Panik gerät.

Wenn Ihr Pferd anbindesicher ist, dann sollte es die folgenden Situationen ohne Probleme meistern können:

■ Ihr Pferd ist an einem Anbinde-Balken angebunden. Sie stehen neben ihm. Es verhält sich ruhig.
■ Ihr Pferd ist an einem Anbinde-Balken angebunden. Sie entfernen sich. Es verhält sich ruhig.
■ Ihr Pferd ist an einem Anbinde-Balken angebunden. Sie befinden sich außer Sichtweite. Es verhält sich ruhig.

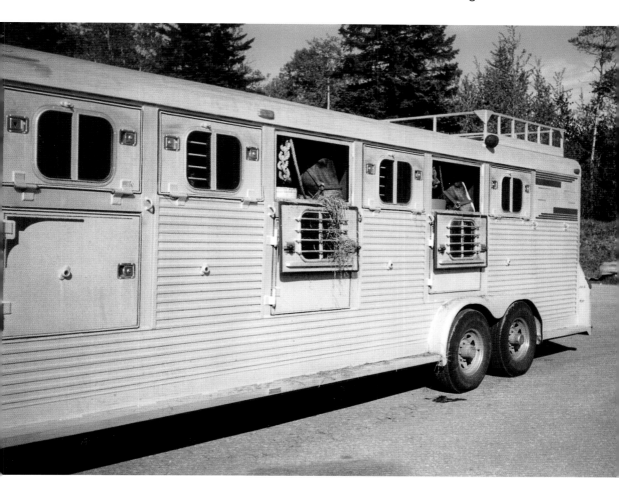

■ **Anbindesicherheit ist untrennbar mit dem Verladen verbunden (hier kanadische Variante).**

- Ihr Pferd ist an einem Anbinde-Balken angebunden. Andere Pferde stehen angebunden neben ihm. Es verhält sich ruhig.
- Ihr Pferd ist an einem Anbinde-Balken angebunden. Andere Pferde werden hinter ihm vorbei geführt. Es verhält sich ruhig.
- Ihr Pferd ist an einem Anbinde-Balken angebunden. Plötzlich ertönt ein lautes Geräusch. Es verhält sich ruhig.
- Ihr Pferd ist an einem Anbinde-Balken angebunden. Eine Plane flattert in der Nähe. Es verhält sich ruhig.

Haben Sie bei der Beschreibung einer Situation gezögert, dann ist es zwingend notwendig, diese Situation zu trainieren.

Filtern Sie genau heraus, wo das Problem bei Ihrem Pferd liegt. Trainieren Sie dann schrittweise und denken Sie wieder daran aufzuhören, bevor das Problem auftritt. Steigern Sie sich erst im Training, wenn kleinere Übungen, wie z. B. das Anbinden in kurzen Zeiträumen, sicher beherrscht werden.

Auf keinen Fall ist es zu empfehlen, wie von einigen »Fachleuten« angeraten, das Pferd auszusacken. Also bitte nicht mit stabilem Halfter und festem Strick an einen Baum vertäuen, um dann ohne Sinn und Verstand mit Satteldecken oder ähnlichem auf das Pferd einzuklatschen. Beim Anbinde-Training behutsam vorzugehen hat meiner Meinung nach nichts mit Tüddelei, sondern mit Vertrauen aufbauen zu tun. Was würden Sie denken, wenn ein Raumschiff landet, Außerirdische Sie fesseln, und mit blinkenden Lichtern blenden, nur weil es dazu dient, Sie mit der »Alf-Sprache« bekannt zu machen? Sicher nicht sehr vertrauensfördernd, oder? Richtig geübt, fordert das pferde-freundliche Anbinde-Training aber ebenso viel Konsequenz vom Trainer ab, wie es auch für andere Übungen nötig ist. Auch hier zahlen sich wieder viel Geduld und regelmäßiges Training aus.

Anbinden Schritt für Schritt trainieren

Für das Anbinde-Training verwenden Sie bitte ein normales Stallhalfter mit Strick und einem hochwertigen Panikhaken. Lässt sich Ihr Pferd überhaupt nicht anbinden läuft das Training nach einem 10 Punkte-Programm ab.

Schritt von 0 nach 1

Die Situation: Ihr Pferd bleibt ruhig stehen, wenn Sie mit ihm am Anbinde-Balken stehen und den Strick in der Hand halten. Wenn es klappt, dann loben Sie das Pferd!

Schritt von 1 nach 2

Die Situation: Ihr Pferd bleibt ruhig stehen, wenn Sie den Strick über den Balken legen (nicht festmachen!). Loben Sie das Pferd!

Schritt von 2 nach 3

Die Situation: Ihr Pferd bleibt ruhig stehen, wenn Sie es am Anbinde-Balken anbinden. Sie bleiben dabei! Die Anbindezeit wird langsam von 30 Sekunden bis zu 30 Minuten gesteigert. Das Pferd wird bei jedem Fortschritt kräftig gelobt.

Schritt von 3 nach 4

Die Situation: Ihr Pferd bleibt ruhig stehen, wenn Sie mit ihm am Anbinde-Balken stehen und ein zweites (anbindesicheres) Pferd neben Ihrem Pferd steht. Loben Sie Ihr Pferd!

Schritt von 4 nach 5

Ihr Pferd bleibt ruhig allein stehen, wenn Sie es am Anbinde-Balken festmachen und Sie sich langsam entfernen. Üben Sie hier die Entfernung von Sichtweite, ein bis zehn Meter, bis hin zu außer Sichtweite. (Bitte das Pferd von einem Platz hinter einer Mauer oder Tür im Blick behalten.) Danach loben Sie das Pferd! Haben Sie es geschafft, dass Sie sich bis zu 30 Minuten außer Sichtweite aufhalten können, haben Sie gut trainiert! Ertappen Sie sich nun beim Durchlesen dabei, dass Sie diese Vorbereitungen für zu aufwendig halten, so wägen Sie bitte ab: Zahlen Sie lieber hohe Tierarztkosten durch ein verletztes Pferd, weil es beim Anbinden in Panik geriet und dadurch eventuell auch noch andere Pferde verletzte? Möchten Sie riskieren, dass Sie beim Anbinden im Hänger wertvolle Zeit verlieren, weil Ihr Pferd dies nicht gewohnt ist und dadurch zu spät in die Tierklinik kommt? Die jetzt investierte Zeit zahlt sich im entscheidenden Moment mehrfach aus. Trainieren wir also weiter und vergessen Sie nicht, Ihr Pferd nach jeder Übung kräftig zu loben:

Schritt von 5 nach 6
Die Situation: Ihr Pferd steht ruhig am Anbinde-Balken unter Ihrer Aufsicht, dabei wird es langsam aber stetig immer hektischer hinter Ihrem Pferd. Lassen Sie von einem Helfer ein weiteres Pferd – auch im Trab – auf und ab führen, oder lassen Sie ein Auto vorbeifahren.

Schritt von 6 nach 7
Die Situation: Ihr Pferd steht ruhig am Anbinde-Balken unter Ihrer Aufsicht, während ein Helfer plötzlich ein lautes Geräusch verursacht.

Schritt von 7 nach 8
Die Situation: Ihr Pferd steht ruhig am Anbinde-Balken unter Ihrer Aufsicht, während ein Helfer mit einer Tüte und später mit einer Plane raschelt.

Schritt von 8 nach 9
für das spätere Training am Hänger
Die Situation: Wiederholen Sie nun die Schritte 1–5 im Hänger. Achten Sie auf größt mögliche Sicherheit und brechen Sie lieber das Training etwas zu früh, als zu spät ab.

Die Trainings-Schritte von 8 nach 10 werden für Sie erst dann relevant, wenn Sie mit dem Verlade-Training beginnen.

Schritt von 9 nach 10
für das spätere Training am Hänger
Die Situation: Ihr Pferd bleibt ruhig und allein im Hänger stehen, während Sie die Klappe schließen.

Für alle Trainingseinheiten gilt:
- Sparen Sie nie mit Ihrem Lob!
- Hören Sie früh genug auf!
- Gehen Sie bei Rückschritten im Trainingsplan zurück!
- Lokalisieren Sie die eigenen Fehler, und versuchen Sie sie zu beheben!
- Verteilen Sie die Übungen auf mehrere Tage!
- Beachten Sie die Sicherheit für Sie, Ihr Pferd und andere!

»Belohnung«
muss nicht essbar sein!

Leckerlis kennen die meisten Pferde. Dass es nicht immer sinnvoll ist, sein Pferd mit schmackhaften Leckerbissen zu trainieren, erfahren wir spätestens bei den »harten Nüssen« am Hänger. Was kann also sonst für ein Pferd noch eine Belohnung sein? Wer das Buch aufmerksam liest, der weiß bereits, dass: kurzes Training, Verschnaufpausen während einer Übung, streicheln am Hals und zwischen den Augen, ein »die Situation angenehm gestalten« oder massieren Formen von Belohnung sind.

■ **Führen Sie das Pferd in Höhe der Menschenschulter. Abblocken durch Ihren Körper ist so jederzeit möglich.**

Die »feine Führschule«

Dominanz, Alpha-Training, rangorientiert etc., viele dieser Begriffe schwirren herum und zielen alle fast auf dasselbe ab:
Irgendwie muss ich meinem Pferd verständlich machen, dass wir nur zusammen Spaß haben können, wenn klar ist, wer das Sagen hat.
Für den Mensch sollte es klar sein, dass es aussichtslos ist, sich mit 400 kg oder mehr anzulegen, und für das Pferd sollte es keine

Frage sein, dass der Mensch seine Komfortzone ist. Also muss der Mensch die Führung übernehmen, um ein geregeltes Miteinander zu schaffen. Um bei dem Gewicht zu bleiben: Es ist angenehmer, 400 kooperative Kilo neben sich zu haben, als 400 unkooperative auf sich oder wo auch immer.
Wenn ich Ihnen nun eine Führposition beschreibe, so möchte ich daraus kein Dogma machen. Die nachfolgend beschriebene Führposition hat sich für mich aber als die zweckmäßigste erwiesen. Probieren Sie's!

Die Führposition

Die Grundposition ist Pferdenase an Menschenschulter. Geführt wird natürlich mit Handschuhen und Longe. Bei schwierigen und heftigen Pferden empfiehlt es sich, den Arm auszustrecken, um so eine Sicherheitszone vor trampelnden Hufen aufzubauen, bis wir das Pferd zu einem kooperativen Miteinander erzogen haben bzw. bis es herausgefunden hat, was für es selbst am angenehmsten ist. Bei anderen Pferden reicht ein leicht angewinkelter Unterarm. Zwischen Hand und Halfter befindet sich eine U-Schlaufe, quasi der Spielraum, den Sie Ihrem Pferd an Bewegungsfreiheit lassen. Um Ihr Pferd aber erst einmal an diese neue Position zu gewöhnen, müssen Sie diese Art des Führens trainieren und evtl. Ihr Pferd zwei- bis dreimal auf seine Position an der Schulter verweisen:

Alles Übungssache!

Gehen Sie fünf Schritte vorwärts und bleiben Sie stehen. Ihr Pferd sollte nun ebenfalls anhalten, die Pferdenase bleibt an Ihrer Schulter. Läuft es weiter, lassen Sie es ein bis zwei Meter gehen und geben dann Druck auf die

■ **Die Führposition mit ausgestrecktem Arm wird bei heftigen Pferden eingesetzt. Vergrößern des Freiraums wird dabei notwendig! Kontrolle ist jederzeit über die Longe möglich.**

■ **Normale Führposition: der Arm ist angewinkelt, dem Pferd steht ein größeres Stück der Longe zur Verfügung. Bei dieser Haltung kann es »Fehler« in seinem Freiraum machen und der Pferdeführer würde nicht davon betroffen. Geeignet, um ein Pferd von der klassischen Methode (führen an der Pferdeschulter) umzutrainieren.**

Longe. Lassen Sie Ihr Pferd in den Widerstand laufen und halten Sie gegen, in dem Sie an der Longe ziehen, so dass Ihr Pferd zum Stehen kommt. Richten Sie es nun ganz ruhig drei Schritte rückwärts und bauen Sie wieder die Grundposition auf. Hier wird das Pferd gelobt und Sie wiederholen die Übung.

Achten Sie darauf, die Schrittanzahl zu variieren, d. h. auch mal nach sechs oder sieben Schritten erst zum Stehen kommen, denn Sie wollen Ihr Pferd ja dazu erziehen, aufmerksam zu sein und auf Sie zu achten. (Pferde lernen schnell und wir wollen sie nicht da-

rauf dressieren, immer nach der gleichen Schrittzahl stehen zu bleiben). Kommt Ihr Vierbeiner nun in der richtigen Position zum Stehen, muss er natürlich nicht mehr rückwärts gehen, sondern wird gleich kräftig gelobt. Wichtig hierbei ist – wie bei allen Übungen – dass Sie konsequent sind. Die von Ihnen gesteckten Grenzen müssen vom Pferd eingehalten werden. Um das Pferd daran zu erinnern, richten Sie es rückwärts, wenn es nicht gleich neben Ihnen zum Stehen kommt. Steckt Ihr Pferd den Kopf mal wieder ins Gras (weil es ja soooo einen Hunger hat)

■ **Klassische Führposition: Mensch auf Höhe der Pferdeschulter. Ungünstig, da Kontrolle und Abblocken nicht möglich sind und Pferde so besser »rempeln« können. Oft wird durch Einsatz des eigenen Körpergewichts versucht, zu bremsen, was aber nicht möglich ist.**

reißen Sie bitte nicht den Kopf hoch. Zupfen Sie an der Longe oder geben Sie gleichmäßig Druck darauf. Sobald Ihr Pferd reagiert und den Kopf hochnimmt, lassen Sie den Druck oder das Zupfen nach. Harmonie ist hier wieder das Stichwort, und Harmonie können Sie nur durch feine Hilfengebung erreichen.

Vergessen Sie nicht: Bei allen Übungen, in denen Sie als Lehrer Ihrem Schüler Pferd etwas beibringen, bleiben Sie ruhig, emotionslos und gerecht. Fühlen Sie sich dazu nicht in der Lage (»Weil es heute wirklich nervt«) brechen Sie die Übung lieber ab! Das konzentrierte Training dauert wie immer – Sie ahnen es schon: höchstens 20 Minuten. Danach verbringen Sie am besten etwas Quality-Time mit Ihrem Pferd. Darunter verstehe ich, dass Sie es z. B. massieren oder striegeln und ihm Ihre Zuwendung schenken.

Wenn Sie hierbei Ihr Pferd über einen längeren Zeitraum genau beobachten, werden Sie feststellen, welch positiven Einfluss das kurze Training hat: Ihr Pferd bleibt aufmerksam, die Frustration von einst durch Übungen, die immer und immer wiederholt werden fällt weg. Sie selbst und Ihr Pferd werden zufriedener!

Durch das Controlling setzen Sie Ihrem Pferd Grenzen, in dessen Rahmen es sich aber frei und behütet bewegen kann. Auf der anderen Seite akzeptiert das Pferd, dass diese Grenzen niemals überschritten werden, denn es erkennt Sie als seinen Führer an. Angestrebt wird ein harmonisches Führen, also ohne Schreien und Herumgezerre. Denken Sie daran: Pferde untereinander kommunizieren lautlos! Nehmen Sie sich mindestens eine Woche Zeit (falls Sie noch Probleme haben beim Führen) und trainieren Sie wie oben beschrieben. Probieren Sie aus, wie angenehm es für Reiter und Pferd ist, wenn sich beide in ihren klaren Grenzen bewegen.

Ignorieren statt strafen!

Der Duden teilt »Strafe« den Bereichen des Strafrechts und der Pädagogik zu. Im strafrechtlichen Sinne ist es eine »Ahndung schuldhaft begangenen Unrechts, welches nach Schwere der Tat und Verschulden des Täters geahndet wird«. Dies nehmen einige Pferdeleute leider wörtlich und gebrauchen zur Ahndung die Gerte o. ä. und schlagen und bestrafen so ihr Pferd. Wirkungsvoller, weil lehrreicher, ist es, die pädagogische Auslegung der Strafe zu benutzen: »mit einer erzieherischen Absicht erfolgende Zufügung eines Nachteils bzw. Entzug oder Verweigerung eines Vorteils«. Meiner Erfahrung nach lernen Pferde schneller, wenn man ein unerwünschtes Verhalten ignoriert und dafür ein erwünschtes belohnt.

Mein Pferd läuft vor mir weg!

Müssen Sie Ihr Pferd, wenn Sie es reiten möchten, zuerst von der Weide holen? Sie wundern sich, dass es vor Ihnen wegläuft? Analysieren Sie die Situation auf »pferdisch«: Frau/Mann kommt, streift mir Halfter über, satteln und dann wird geackert = schlecht, weil weg von Pferdekameraden und Futter, also: Flucht.

Unterbrechen Sie diese Gedankenkette, indem Sie sich Zeit nehmen und Ihrem Pferd antrainieren, wie schön es ist, wenn Sie die Weide betreten. Sie werden nämlich ab nun nicht mehr gleich Ihrem Pferd das Halfter überstreifen und es hinter sich herzerren, sondern vorher eine »Mini-Quality-Time« einlegen: Sie bleiben mindestens fünf Minuten bei Ihrem Pferd stehen und reiben es am Hals oder dem Bauch, schnaufen selber erst einmal durch und ziehen mit ihm weiter von Grasbüschel zu Grasbüschel. Erst dann bewegen Sie sich mit ihm langsam auf den Ausgang zu.

Ist die Sache bereits so weit verfahren, dass Ihr Pferd bei Ihrem Anblick panisch die Flucht ergreift, sollten Sie (vorausgesetzt med. Probleme bestehen nicht) im Abschnitt über das TEF-Training nachlesen. Versuchen Sie, Ihr Pferd dazu zu bringen, dass nicht Sie es fangen müssen, sondern dass es Sie einfängt. Das erreichen Sie mit Hilfe Ihrer Körpersprache!

■ **Rechts: Trainieren Sie die »Tücken des Alltags«.**

Bodenarbeit

Unersetzbar oder Zirkus?

Erfreulicherweise bieten bereits viele Reit-
schulen eine Einführung in die Bodenarbeit bei
Anfänger-Reitkursen an. Andere Ställe wehren
sich vehement gegen die »Spielerei« oder den
»Zirkus«, wie Bodenarbeit ab und zu genannt
wird. Einige Pferdebesitzer, zu denen ich gerufen wurde, waren in Sachen Bodenarbeit
wenig bis gar nicht bewandert. Teilweise
wurde diese Art des Trainings mit dem Pferd
vom Stallbesitzer nicht geduldet, da die Halle

oder der Platz dadurch nur unnötig belegt werden. Oder die soziale Kontrolle der Reiter untereinander war zu hoch. Die Angst, etwas Neues mit dem Pferd auszuprobieren und dafür belächelt zu werden, war bei den meisten Besitzern größer, als kreativer Vorreiter einer neuen »Stallmasche« zu sein. Viele Reiter wünschten sich aber durchlässige Pferde oder einfach eine partnerschaftlichere Beziehung zum Pferd ohne Zwang und Angst – und das erreicht man meiner Meinung nach am einfachsten durch Bodenarbeit. Bei Veranstaltungen wie z. B. der Equitana habe ich es immer wieder erlebt, dass die Darbietungen im großen Showring die meisten Beifalls-

stürme ernteten, in denen eine so genannte Freiheitsdressur gezeigt wurde, das Pferd also ohne Zaumzeug oder Halfter vorgeführt wurde. Als ich 2001 als Zuschauer bei der Vorstellung von J. F. Pignon war, fing neben mir eine Frau an zu weinen. Ich hörte, wie sie zu ihrer Freundin sagte: »So würde ich auch gerne mit Warum* spielen«. (*Name geändert) Ich dachte noch: Warum probiert sie es nicht einfach aus? Rückblickend erkenne ich aber, dass Darbietungen wie die von Pignon vielen Reitern wirklich als ferner Wunschtraum vorschweben müssen, aus den oben genannten Gründen. Schade eigentlich, wenn andere die eigentliche Entfaltung bestimmen.

■ **Mit Bodenarbeit legen Sie den Grundstein zu einer wichtigen Erkenntnis für Ihr Pferd: Neues mit Neugier, statt mit Angst zu begegnen!**

Verhaltensforschung

Der gute alte Spruch: »Der Reiter sucht den Fehler zuerst bei sich« ist meiner Meinung nach dazu verkommen, dass viele sagen: »Der Bock macht nicht, was ich will«.

Pferdehalter, die zu mir kommen und erklären, ihr Pferd sei stur oder bockig (und es ginge nicht in den Hänger) werden zuerst mit o. g. Spruch konfrontiert. Danach versuche ich ihnen sachlich zu erklären, warum ein Pferd nicht stur oder bockig sein kann: Das Verhalten der Pferde untereinander und im Zusammensein mit dem Mensch ist nach anderen Mustern ausgelegt, als Menschen miteinander umgehen. Priorität haben für das Pferd aus seinem Instinkt heraus drei Gesetze: 1. sich fortzupflanzen 2. zu überleben und damit verbunden 3. zu fressen.

Zu 1. gehört die Komfortzone Herde, zu 2. gehört, Gefahr zu meiden und zu 3. gehört, sich täglich auf die Suche nach Futter zu begeben. Weigert sich ein Pferd also, dies oder jenes zu tun oder zu lassen, ist es nicht stur, sondern handelt nach seinen drei Gesetzen. Bockigkeit, Sturheit etc. sind menschliche Attribute. Belegen wir Pferde damit, haben wir ihr Wesen nicht verstanden!

Etwas wissenschaftlicher drückt es der Verhaltensforscher Prof. Klaus Zeeb aus: »Nach dem Bedarfsdeckungs- und Schadensvermeidungskonzept sind Lebewesen befähigt, sich selbst aufzubauen und sich selbst zu erhalten. Im Zuge des Selbstaufbaus und des Selbsterhalts sind sie in der Lage, aktiv oder passiv Schaden zu vermeiden.«

Sehen wir eine Verweigerung der eingeforderten Leistung also eher als eine Nachfrage des Pferdes an, mit der es abklären möchte: »Passiert mir auch nichts in diesem Pferdehänger; auf der Plane etc.?« Hier ist der Trainer gefragt, dem Pferd zu erklären, dass alles in Ordnung ist. Ganz sicher wird Ihr Pferd diese Frage stellen, wenn es Sie nicht als Führer anerkennt und Ihnen vertraut.

Erklären wir also unseren Pferden, warum wir dies und jenes von ihnen verlangen!

Bodenarbeit – Basisarbeit

Die Basis für eine erfolgreiche Zusammenarbeit fängt am Boden an. Probleme, die ich hier nicht löse, werde ich sicher auch nicht vom Sattel aus beseitigen können. Für die Bodenarbeit gibt es unendlich viele Variationsmöglichkeiten, und der Kreativität sind keine Grenzen gesetzt. Gerne schiele ich in das Lager der Westernreiter und hole mir Anregungen für Trail-Hindernisse. Neben den klassischen, wie über die Plane gehen, ein Tor öffnen, über eine Holzbrücke und durch den Flattervorhang gehen, gibt es noch die gemeinen: Luftballons zerstechen, einen Raschelsack hinter sich herziehen, durch die Wasserwand laufen (ein auf dem Boden liegender Gartenschlauch mit vielen kleinen Löchern, die Wasser nach oben spritzen). Was aber, wenn es für einige schon unmöglich ist, nur an einer Plastiktüte vorbeizugehen?

Schaffen Sie sich Ihre gerade benötigte Herausforderung und trainieren Sie mit Ihrem Pferd. Es wird Ihre Beziehung festigen und mit Vertrauen untermauern. Lernziel ist, an Neues nicht mehr mit Angst, sondern mit Neugier heranzugehen.

Bodenarbeit ist vielfältig

Bodenarbeit ...

- ... verfeinert die Kommunikation zwischen Mensch und Pferd.
- ... in kleinen Lernschritten aufgebaut, stärkt das Vertrauensverhältnis.
- ... führt zu der gewünschten »Dominanzrolle«.
- ... ist für jeden Reiter und Pferdehalter gedacht.
- ... bedeutet auch besseres Reiten, da die Hilfen verfeinert werden.
- ... verbessert die Aufmerksamkeit des Pferdes.
- ... ist kreativ gestaltet gut für gelangweilte, alte oder kranke Pferde.
- ... verbessert die Konzentration (für hektische und nervöse Pferde).
- ... verbessert das Körpergefühl des Pferdes (gut für »Grobmotoriker«).
- ... verbessert die Balance (für junge Pferde).
- ... bereitet auf die weitere Arbeit (z. B. Ausritte) vor.
- ... lässt das Pferd Neues mit Neugier betrachten und nicht mit Angst.

Leitfaden für die Bodenarbeit

- Die Sicherheit des Ausbilders und des Pferdes muss immer an erster Stelle stehen.
- Alles, was man für das Training braucht, sollte vorher zurechtgelegt und aufgebaut werden.
- Das Pferd wird vor der Arbeit immer aufgewärmt.
- Trainiert wird nur in kleinen Einheiten.
- Schwierige Übungen werden im fortgeschrittenen Trainingsabschnitt in mehrere kleine, leichte Übungen aufgespaltet.
- Keine Wiederholungen von erfolgreich absolvierten Übungen am gleichen Tag.
- Mit Lob darf nicht gespart werden.
- Unerwünschtes Verhalten wird durch längeres Training unangenehm gemacht und soweit möglich ignoriert.
- Das Training wird mit einer erfolgreich absolvierten Übung abgeschlossen.

Die richtige Ausrüstung
für Trainer und Pferd auf einen Blick

Trainer
feste Schuhe
Handschuhe
evtl. Kappe

Pferd
Spezialhalfter
Longe
Gamaschen, Bandagen

Wie sag ich's meinem Pferde?

Bei der Bodenarbeit ist es das Ziel, dass das Pferd auf minimale Signale reagiert. Dazu ist es von sich aus bemüht. Vorausgesetzt, dass es die Signale des Menschen versteht. Leckerlis warten, bis die Trainingseinheit beendet ist. Wir loben durch ausruhen lassen, streicheln an Kopf oder Hals und durch kurze Trainingssequenzen.

Deshalb ist es ratsam, immer die gleichen Kommandos für die jeweiligen Übungen zu verwenden: z. B. Steh, Zuuuurück, Komm etc.

In der Ruhephase soll sich das Pferd ganz entspannen und mit waagerecht gehaltenem Hals beim Trainer stehen. Dies können wir auch wieder durch zupfen an der Longe erreichen und nachgeben, wenn das Pferd den Kopf senkt. Alle Übungen sollen langsam und sorgfältig ausgeführt werden. Dabei wird der Schwierigkeitsgrad langsam gesteigert. Funktioniert eine Übung gar nicht, dann nicht daran festbeißen, sondern in kleinere, leichtere Teile aufspalten oder einen Gang zurückschalten.

A A A – abwechslungsreich, anspruchsvoll, akkurat

Für die Bodenarbeit sind die drei As Bedingung: Abwechslungsreich, anspruchsvoll und akkurat. Das erste A steht für abwechslungsreich und soll Ihre Phantasie anregen. Die nachfolgend genannten Übungen lassen sich natürlich variieren und auf Ihre Bedürfnisse einstellen. Mit Sicherheit fallen Ihnen noch 1000 andere ein! Das zweite A steht für anspruchsvoll. Damit ist gemeint, dass Sie sich ein Ziel stecken sollten, das Sie nach und nach zu erreichen versuchen. Ebenso heißt anspruchsvoll, dass Sie Ihr Pferd wie ein echter Profi trainieren. Sie beachten die Sicherheit, die Zeit, Sie sind gerecht und Sie loben. Das dritte A steht wie gesagt für akkurat.

Dieses A fordert Sie dazu auf, auch die kleinste, in Ihren Augen evtl. unwichtige Übung, sorgfältig durchzuführen. Das beinhaltet gleichermaßen, dass Sie ständig auf die Einhaltung der »Grenzen« achten und ein guter Führer sind.

»Monster-Training« – so geht's!

Führen Sie jede Woche ein neues Monster ein, wie z. B. eine Fahne, Luftballons, einen Ball, eine Plastiktüte gefüllt mit leeren Dosen, ein altes Laken und so weiter. An die Einführung von akustischen »Monstern« wie ein Waldhorn, eine Karnevalspistole mit Knallplättchen oder eine Autohupe sollten Sie ebenfalls mit Bedacht gehen. Dieses Training kann Sie auf Ausritten retten und beim Transport Ihr Pferd gelassener machen. Wie oft sind Sie schon durch den Wald geritten und haben einen entfernten Schuss vom ortsansässigen Jäger gehört? Im Straßenverkehr können plötzliche Geräusche wie eine Autohupe Ihr Pferd derart erschrecken, dass es Fluchtstrecken von mehreren hundert Metern zurücklegt. Pech, wenn gerade die Hauptstraße dazwischen liegt. Trainieren Sie auf jeden Fall mit einem Helfer, der das akustische »Monster« bedient. So können Sie sich voll auf Ihr Pferd konzentrieren. Je mehr Reize (optisch und akustisch) Sie Ihrem Pferd bieten, um so mehr wird es neue, ungewohnte Gegenstände bald mit Neugier, anstatt mit Angst betrachten.

Gehen Sie bei jedem Monster-Training in Bezug auf Ihre Sicherheit und die Ihres Pferdes sorgfältig vor. Ich setze voraus, dass Sie einen umzäunten Platz wählen, mit weichem Bodenbelag, den Sie für die Zeit des Trainings allein für sich haben.

Für Fortgeschrittene stehen die Hindernisse »bellende Hunde«, Kühe, Esel, Schafe und »laufende Traktoren« auf dem Trainingsplan. Hier sind Sie auf die Mithilfe eines Landwirts

■ **Trainieren Sie auch akustische Monster – in einem umfriedeten Platz oder nehmen Sie das Pferd an die Longe.**

bzw. eines Hundehalters angewiesen. Natürlich können Sie auch, wenn Sie Ihr Pferd am Boden gut unter Kontrolle haben, an Kuhwiesen vorbeigehen oder einen Hof besuchen, um Ihr Pferd langsam an die Gegenstände und Tiere heranzuführen. Jedoch empfehle ich dies nicht dem ängstlichen Laien oder dem »Was-wird-er-gleich-machen-Denker«. Holen Sie sich in diesen Fällen lieber für ein oder zwei Trainingseinheiten einen Profi, dem Sie genau auf die Finger schauen, um es später selbst zu probieren.

Wer behauptet: Auf dem Platz, da macht er alles toll, aber wenn ich draußen bin, dann dreht er durch, dem empfehle ich, das Trai-

ning mit einer Hilfsperson nach draußen zu verlagern und noch weiter an der Vertrauensbasis zu seinem Pferd zu arbeiten. Gehen Sie mit Ihrem Pferd an der Longe spazieren und trainieren Sie hier weiter.

Verschiedene Methoden, das Pferd an etwas Neues heranzuführen

Als vorteilhaft hat es sich erwiesen, das Pferd erst einmal frei auf dem Trainingsplatz laufen zu lassen, wenn Sie ihm den neuen Gegenstand zeigen. Sie vermeiden somit, dass das Pferd sich von Ihnen losreißt, und es kann erst einmal seinen Fluchtreflex ausleben. Eine Methode ist, das Pferd mit dem unbe-

■ **Flatter-Hindernisse stellen für einige Pferde eine echte Herausforderung dar. Grund genug, diese Pferde frühzeitig daran zu gewöhnen!**

kannten Gegenstand drei bis vier Runden zu treiben. Dann drehen Sie sich weg. Ihr Pferd wird Ihnen wie beim TEF-Training folgen und versuchen, den Gegenstand zu beäugen und zu beriechen. Loben Sie es dabei.
Wenn Sie Ihr Pferd nicht mit dem Gegenstand treiben wollen, dann versuchen Sie gleich wie beim TEF-Training, das Ihnen Ihr Pferd folgt. Wichtig ist, dass sich Ihr Pferd frei bewegen kann. Nur so erreichen Sie ein vertrauensvolles und harmonisches Miteinander, bei dem Sie Ihr Pferd zur freiwilligen Mitarbeit erziehen. Hat es die Möglichkeit zur Flucht, kann es wählen, in Ihrem Schutzbereich zu bleiben oder wegzugaloppieren. Letzteres

ist Arbeit und für den »Energiesparer Pferd« bedeutet dies, spätestens nach ein paar Metern stehen bleiben und die Situation neu einschätzen. Bleiben Sie ruhig und sehen Sie ihm nicht in die Augen, das wäre für ihn die Aufforderung zur Flucht. Bleibt auch Ihr Pferd ruhig, fordern Sie es immer wieder auf, Ihnen zu folgen. Loben Sie es, wenn es bei Ihnen bleibt. Folgt es Ihnen, umrunden Sie den Gegenstand mehrmals von beiden Seiten. Immer wenn Sie den Gegenstand passiert haben, loben Sie Ihr Pferd. Zum Schluss gehen Sie mit Ihm zu dem Monster und lassen es dort ausruhen. Dabei loben Sie es wieder ausgiebig.

Eine weitere Variante ist, das Pferd an der Longe an einen neuen Gegenstand heranzuführen. Hier müssen Sie rechtzeitig nachgeben und das Ab- und Aufrollen der Longe üben. Eine gute Vorarbeit, wenn Sie mit Ihrem Pferd draußen z. B. das Passieren von Traktoren trainieren wollen. Sie sollten darauf achten, dass Sie während des Trainings alles im Griff haben. Wenn nicht, greifen Sie auf jeden Fall auf die Hilfe eines Profis zurück.

»Koordinationstraining«

Um die Balance Ihres Pferdes zu verbessern, sollten Sie abwechselnd zum Monster-Training verschiedene Koordinations-Übungen einschieben. Am besten eignen sich dazu Stangen, die erst in loser Folge hintereinander gelegt werden. (Beim Auslegen ist immer auf die Trittlänge zu achten.) Nach der Aufwärmphase zu Beginn der Stangenarbeit, können Sie die Stangen weiter auseinanderlegen und die Abstände variieren, damit Ihr Pferd aufmerksam bleibt.

Longieren über Stangen

Ein Bestandteil im Training sollte auch das Longieren über Stangen und Cavaletti sein. Dabei sollte sich Ihr Pferd vorwärts-abwärts strecken und über den Stangen im Rücken aufwölben. Eine wichtige Übung, um eine Hängerrampe problemlos hinaufzugehen!

Das Stangenmikado

In der Hauptarbeitsphase legen Sie ein Stangenmikado zurecht, also Stangen in verschiedenen Abständen und Höhen. Bitte achten Sie darauf, dass keine Stange verrutschen oder ein Pferdebein dazwischen stecken bleiben kann. Arbeiten Sie das Stangenmikado in verschiedener Zusammensetzung bis zu dreimal durch. Hier wird in hohem Maße Koordination, Balance und Aufmerksamkeit geschult.

Das Stangen-L

Neben dem Stangenmikado können Sie sich ein doppeltes Stangen-L zurechtlegen, in dem Ihr Pferd vorwärts und rückwärts dirigiert wird. Die Fortgeschrittenen schaffen vielleicht schon den Seitwärtsgang entlang der äußeren Stangen. Denken Sie daran: Je mehr Sie hier mit Ihrem Pferd trainieren, um so besser wird es sich auf seiner nächsten Fahrt im Hänger ausbalancieren können.

Brücke und Wippe

Wenn Sie ein wenig handwerklich begabt sind, können Sie sich vielleicht aus zwei alten Euro-Paletten und einer Siebdruckplatte eine Brücke mit Geländer oder eine Wippe bauen. (Achtung: Alle alten Nägel müssen entfernt werden. Auf diesen Hindernissen besteht bei Nässe Rutschgefahr. Sie sind schwer anzuheben, daher sollte man für sie einen festen Platz finden.). Unglaublich, wie schnell sich einige Pferde auf einer Wippe ausbalancieren können und erstaunlich, wie groß die Probleme für andere Pferde sind, sich im Gleichgewicht zu halten. Im Umkehrschluss bedeutet dies für das Hängerfahren, dass es wirklich Pferde gibt, die aufgrund der fehlenden eigenen Balance nicht verladbar sind!

»Fred Astaire«

Starten wir also zu Beginn mit einer ganz einfachen Übung. Werde ich zu einem Verlade-Training gerufen, so ist dies der erste Test am Pferd, bei dem ich sehen will, wie durchlässig das Pferd ist.
Benötigt wird ein Kantholz (ein Rundholz rollt zu leicht weg), das zwei Meter lang ist und in dem selbstverständlich kein Nagel steckt. Wärmen Sie Ihr Pferd auf, in dem Sie fünf bis sechs Runden auf dem Übungsplatz drehen. Üben Sie gehen, anhalten und rückwärts richten. Danach gehen Sie auf das Kantholz zu

■ **Kontrolle über jedes einzelne Bein zu bekommen, ist für das Training am Hänger unerlässlich.**

und stoppen Ihr Pferd vor dem Holz ab. Bei dieser Übung kommt es darauf an, dass Sie die Beine Ihres Pferdes genau kontrollieren können. Verändern Sie nun Ihre Führposition, und stellen Sie sich frontal vor das Pferd hin, mit Blickrichtung zur Hinterhand. Nun fordern Sie Ihr Pferd auf, ein Bein über die Stange zu setzen und dann anzuhalten. Loben Sie es, wenn es klappt, und lassen Sie das zweite Bein folgen. Sie loben erneut und lassen das dritte Bein, dann das vierte folgen. Gelingt diese Übung nicht, vereinfachen Sie sie, in dem Sie erst ein Bein über die Stange treten lassen, das Pferd loben und es dann wieder zurückgehen lassen.

Haben Sie Ihr Pferd unter Kontrolle und die Übung gelingt, dann bauen Sie sie rückwärts auf: Ein Bein der Hinterhand tritt rückwärts über das Holz, dann das nächste usw. Bitte das Loben zwischendurch nicht vergessen!! Hört sich einfach an, oder? Ist aber mit vielen Pferden schwerer durchzuführen, als man denkt, da das Führen nicht richtig beherrscht wird. Mögliche Schwierigkeit bei dieser Übung: Ihr Pferd überrennt Sie. Üben Sie erst das Führen auf dem Platz mit anhalten und rückwärts richten. Wenn Ihr Pferd nicht gerade über das Kantholz rückwärts geht, dann üben Sie das gerade Rückwärtsrichten zwischen zwei Stangen.

»Anfassen verboten!«

Im Abschnitt TEF-Training wurde bereits darauf hingewiesen, dass Pferde sich durch Körpersprache verständigen und auch wir Menschen mit Pferden mittels Körpersprache kommunizieren können. Versuchen Sie in der nächsten Übung, Ihre Zusammenarbeit mit dem Pferd noch weiter zu verfeinern und es nur mittels Ihrer Körpersprache und ohne Stimmhilfe durch einen Parcours zu dirigieren.

So geht's: Sie bauen sich in einem umfriedeten Areal einen kleinen Parcours auf, der z. B. eine Tonne, ein Stangenmikado und eine Plane enthält. Führen Sie das Pferd auf den Platz. Versuchen Sie, dass Ihr Pferd Ihnen folgt (wie beim TEF-Training) und gehen Sie über die Hindernisse bzw. dirigieren es nur mit Ihrer Körpersprache um sie herum. Sprechen Sie dabei nicht. Achten Sie dabei auf Ihre Haltung (aufrecht, gestreckt) und gehen Sie mit forschem Schritt. Halten Sie Ihren

■ Aufgabe: Dirigieren Sie Ihr Pferd nur mittels Ihrer Körpersprache um den Parcours – gar nicht so einfach ...

Blick auf die Hufe gesenkt, wenn Ihr Pferd Ihnen folgt, und sehen Sie es an, wenn es sich abwendet. Dabei müssen Sie darauf achten, dass Sie es nicht ungewollt zum Loslaufen auffordern (s. TEF-Training). Will es woanders hin, müssen Sie schnell reagieren und mit Ihrem Körper abblocken. Loben Sie Ihr Pferd, wenn es Ihnen folgt. Sollte die Übung gut gelingen, hören Sie auf. Wiederholen Sie die Übung (innerhalb der 20 Minuten) zwei- bis dreimal, wenn es nicht gelingt.

Rückwärts

Pferde, die sich schlecht verladen lassen, sind oft Pferde, die schlecht rückwärts gehen. Ohne ein Pferd durchlässig rückwärts richten zu können, ist kein Verladen möglich. Denn: Spätestens beim Aussteigen ohne Frontausstieg ist am normalen Klappenhänger Schluss. Pferde, die sich schlecht koordinieren können – z. B. Grobmotoriker oder sehr große Pferde –, haben hier ebenfalls Probleme. Trainieren Sie deshalb das durchlässige und vor allen Dingen gerade Rückwärtstreten Ihres Pferdes.

Rückwärts beim Reiten

Bedauerlicherweise wird bei einigen Reitern das Rückwärtsrichten nur allein mit Strafe oder abverlangtem Gehorsam verbunden. Richtig ist, dass der Reiter das Rückwärtstreten als »Unangenehmmachen« einsetzen kann. Zum Beispiel wenn ein Pferd nicht anhalten will oder nicht ruhig stehen bleibt. Richtig ist aber auch, dass früh antrainiertes Rückwärtsgehen, dem »Verweigerungs-Rückwärtsgehen« vorbeugt. Deshalb lassen viele Reiter der Western-Szene ihr Pferd vor Ende einer Übung ein bis zwei Schritte Rückwärtsrichten, um es dann ausruhen zu lassen. Gelangen Sie auch beim Rückwärtstreten zur

Harmonie und beachten Sie: Wenn Sie mit dem Pferd am Hänger arbeiten und es dabei rückwärts gehen lassen, so geschieht dies niemals aus einer emotional-aggressiven Stimmung. Bleiben Sie ruhig, und richten Sie das Pferd die gewünschten Tritte gerade und langsam rückwärts.

Rückwärts bei der Bodenarbeit

Um Ihrem Pferd vom Boden aus das Signal zum Rückwärtstreten zu geben, haben Sie verschiedene Möglichkeiten. Sie unterscheiden sich in
a) Ihrer Position zum Pferd und
b) in der Hilfengebung mit der Longe.

Zu a): Aus der Grundführposition heraus, können Sie das Pferd rückwärts treten lassen, in dem Sie mit dem Rücken zur Hinterhand des Pferdes stehen bleiben und nur über die Longe das Signal zum rückwärtigen Ausweichen geben. Eindeutiger für das Pferd ist es jedoch, wenn Sie sich umdrehen (Blickrichtung zur Hinterhand) und mit den Augen die Hinterbeine fixieren. Zusätzlich blocken Sie ein eventuelles Vorwärtstreten mit Ihrem Körper ab. Einziges Problem bei dieser Position ist, dass einige Pferde sich ebenso im Hänger »abgeblockt« fühlen, wenn Sie vor ihm stehen und Ihr Pferd reinzupfen wollen. Mein Tipp: Probieren Sie deshalb im Hänger immer beide Varianten aus. Also vor dem Pferd stehen und neben dem Pferd gehen. Kombinieren Sie Ihre Position nun mit b) der Hilfengebung. Einige Reiter geben das Signal zum Rückwärtstreten vom Boden aus, in dem sie die Longe in großen, wellenartigen Bewegungen auf den Kopf des Pferdes zulaufen lassen. Diese Methode empfehle ich nicht, da Sie zu unharmonisch ist. Außerdem verstehen Pferde bereits viel feinere Hilfen. Ein leichtes Annehmen und Nachgeben der Longe reicht aus, damit Ihr Pferd versteht, dass es nun rückwärts gehen soll. Durch Ihre Körperposition (Gesicht zur Hinterhand des Pferdes, Blick auf die Hinterbeine) sowie durch das Blocken mit dem Körper, geben Sie dem Pferd bereits das erste Signal. Als nächstes hört es das Stimm-Kommando (z. B. Zuuuuurück!). Danach zupfen Sie an der Longe und geben leicht Druck in Richtung der Pferdebrust. Gleichzeitig machen Sie selbst einen Schritt in Richtung der Hinterhand des Pferdes. Da Ihre Augen auf die Hinterbeine gerichtet sind, sehen Sie genau, wann Ihr Pferd die kleinste Bewegung macht, ein Bein anzuheben. Erkennen Sie dies, lassen Sie sofort den Druck an der Longe – die beim Dually-Halfter auf den zweiten Nasenriemen führt – nach. Nur durch sofortiges Nachgeben, lernt Ihr Pferd auf minimales Annehmen der Longe zu reagieren. Geht Ihr Pferd nicht von alleine weiter rückwärts, nehmen Sie den Druck wieder auf, beobachten die Hinterhand usw. Nach den gewünschten Schritten rückwärts wird das Pferd gelobt, und Sie stellen sich wieder in die Grund-Führ-Position. Jedesmal wenn Sie diese Übung durchführen, sollten Sie die Hilfengebung weiter minimieren. Könner schaffen dies soweit zu verfeinern, dass eine Veränderung der eigenen Körperposition und ein Fixieren der Hinterhand des Pferdes mit den Augen ausreicht.

Der Rückwärtsgang

Langsames und gerades Rückwärtstreten leiten wir ein mit:
1. der Veränderung unserer Position
2. dem Kommando (z. B. Zuuuuurück!)
3. der Hilfengebung an der Longe
4. dem eigenen Zurückgehen

Beherrscht Ihr Pferd nun das schrittweise Rückwärtstreten, so beginnen Sie, dies mit verschiedenen Übungen zu verbinden. Besonders wichtig ist vor allem für die Arbeit am

Hänger das gerade Rückwärtsrichten. Versuchen Sie deshalb, Ihr Pferd zwischen zwei bzw. vier Stangen oder Kanthölzern rückwärts gehen zu lassen. Das ist eine gute Übung, um das gerade Rückwärtstreten zu lernen und fördert die Koordination des Pferds nach hinten. Legen Sie zwei Stangen parallel in einem Abstand von 1,20 m nebeneinander. Diese Gasse können Sie später durch zwei weitere Stangen verlängern. Ebenso können Sie im Laufe des fortschreitenden Trainings die Abstände der Stangen variieren. Zum Schluss sollte Ihr Pferd in der Lage sein, in einer Gasse rückwärts zu gehen, wobei der Abstand so klein ist, dass die Stangen/Kanthölzer rechts und links an den Hufen anliegen. Auch hier gibt es noch eine Steigerungsmöglichkeit: Legen Sie sich nun zusätzlich zu den beiden Stangen im 90° Winkel zwei weitere Stangen (ergibt von oben betrachtet ein doppeltes L). Nun müssen Sie mit Ihrem Pferd also rückwärts zuerst geradeaus in den Stangen und dann einmal um die Ecke. Achten Sie auch hier wieder auf eine korrekte Ausführung. Und: Denken Sie daran, die Übungen zu variieren. Einmal täglich reicht jedoch vollkommen aus.

Die Übung »Kantholz-Rückwärts«:

Um die rückwärtige Koordination Ihres Pferdes noch weiter zu verbessern, legen Sie ein Kantholz auf den Übungsplatz und lassen Sie Ihr Pferd rückwärts darüber treten. Diese Übung ist besonders gut für Pferde, die sich bereits am Hänger rückwärts überschlagen haben, oder Probleme beim rückwärtigen Aussteigen haben. (Das äußert sich durch zitternde Hinterbeine oder extremes Untersetzen der Hinterhand.) Nun lassen Sie Ihr Pferd nach der Aufwärmphase und nachdem es vorwärts über das Holz geführt wurde, rückwärts darüber treten. Das hört sich wieder einfach an, ist es aber nicht! Achten Sie darauf, dass Sie jedes Bein einzeln kontrollieren können. Also ein Bein übertreten lassen, abstoppen, loben, das nächste Bein – bis alle Viere darüber sind. Danach gehen Sie wieder mindestens eine Runde vorwärts, damit sich das Pferd lösen kann. Ideen für weitere »Rückwärts-Übungen« überlasse ich nun Ihrer Kreativität. Bedenken Sie, dass Ihr Pferd Ihnen gerade bei diesen Rückwärts-Übungen total vertraut. Es kann nicht sehen, wohin Sie es rückwärts schicken. Weiterhin erkennt der geübte Ausbilder oder Reiter am durchlässigen Rückwärtsrichten, ob bei dem Pferd eventuelle Steifheiten oder Blockaden in den Gelenken bestehen. Vielleicht ist es Ihrem Pferd aufgrund körperlicher Probleme gar nicht möglich, rückwärts zu gehen. Ziehen Sie dann auf jeden Fall einen Tierarzt oder Osteotherapeuten zu Rate.

Arbeit an der Doppellonge

Als weiteres sinnvolles Element am Boden möchte ich Ihnen die Arbeit an der Doppellonge vorstellen. Dieser Abschnitt soll Interessierten nur einen kurzen Einblick geben. Ausführlich beschrieben würde dieses Thema ein ganzes Buch füllen. Wer sein Wissen vertiefen möchte, dem empfehle ich das Standardwerk von Wilfried Gehrmann »Doppellonge«. Die Arbeit an der Doppellonge hilft Ihnen, die Durchlässigkeit Ihres Pferdes zu fördern. Leider scheuen sich viele vor ihrem Einsatz, weil Sie sich vor dem Leinenwirrwarr fürchten. In Kursen, die von erfahrenen Ausbildern geleitet werden, kann man sich die Ausrüstung und die richtigen Handgriffe etc. genau erklären lassen.
Gerade bei Pferden, die länger nicht geritten werden können, oder bei Pferden mit Rückenproblemen, ist die Arbeit an der Doppellonge eine gute Alternative. Richtig ausgeführt,

fördert sie die Koordination sowie das Untersetzen der Hinterhand. Damit werden Balance und Körpergefühl geschult – ganz wichtige Voraussetzungen, um sich im fahrenden Pferdehänger richtig ausbalancieren zu können.

Leinen los!

Wer noch nie mit einer Doppellonge gearbeitet hat, der muss zuerst ein paar Trockenübungen an einem Holzbalken machen: Die Doppellonge wird um den Balken gewunden und Sie greifen die Enden der Longen. Es gibt verschiedene Möglichkeiten, wie Sie die Doppellonge halten können: Beidhändig oder Einhändig sowie mit aufgerolltem oder langem Schlaufenende. Die legere amerikanische Variante lässt die beiden Enden einfach neben dem Longen-Führer auf dem Boden schleifen (je nachdem auf welcher Hand Sie arbeiten, rechts oder links am Körper vorbei). Die klassische Variante ist, die Doppellonge in einer, oder in beiden Händen zu halten und das Ende in Schlaufen zu tragen. Die Zügelhaltung kann wie bei der klassischen Dressur sein, also Zügel zwischen kleinem und Ringfinger einlaufend und zwischen Zeigefinger und Daumen auslaufend. Je nach Haltung des Schlaufenendes muss man nun die Handwechsel trocken üben. Wird dies beherrscht, übt man die Wendungen. Hierbei muss logischerweise ein Zügelstrang verlängert, der andere verkürzt werden. Am einfachsten ist es, wenn man dazu die einhändige Zügelführung anwendet und durch Vorgreifen mit der freien Hand verlängert bzw. verkürzt. Bei der einhändigen Zügelführung läuft der Zügel der abgewandten Pferdeseite zwischen kleinem Finger und Ringfinger durch und der Zügel der zugewandten Seite zwischen Zeigefinger und Daumen. Üben Sie nun mehrmals Wendungen und Handwechsel, bis Sie ganz sicher in der Handhabung mit den Leinen sind. Bitten Sie nun eine Hilfsperson die Trense in eine Faust zu nehmen und führen Sie weitere Wendungen und Handwechsel durch. Bedenken Sie, dass durch die Länge der Leinen schon ein erhebliches Zuggewicht auf die Laden (oder den Nasenrücken) des Pferdes wirkt. Erst wenn die Hilfsperson Ihnen signalisiert, dass sie kein Rucken und Reißen mehr verspürt, empfehle ich Ihnen, das Ganze am Pferd auszuprobieren. Auch dann sollten Sie eine Hilfsperson hinzuziehen oder sich fachlichen Beistand holen.

So bereiten Sie Ihr Pferd vor

Ihr Pferd sollte gut an der Longe ausgebildet sein. Es muss auf die verschiedenen Stimmkommandos wie Schritt, Trab, Galopp, Steh gut reagieren. Weiterhin sollten Sie Ihr Pferd vorher an die Leinen gewöhnen. Vor allem dürfen ihm Berührungen an den Sprunggelenken nichts ausmachen. Arbeiten Sie mit einem Helfer und desensibilisieren Sie die empfindlichen Stellen.

Erste Arbeit

Haben Sie die Vorübungen erfolgreich absolviert, können Sie zusammen mit einer Hilfsperson Ihr Pferd das erste Mal in der Doppellonge anspannen.
Legen Sie den Bauchgurt oder den Sattel über die Satteldecke und ziehen Sie ihn fest. Legen Sie den Kappzaum oder die Trense mit dem Knebelgebiss (verhindert das Durchziehen des Mundstücks) an.
Es ist auch möglich, ein Druckhalfter zu verwenden. Bei meinem Haflinger habe ich mit dem Dually-Halfter gute Erfahrungen bei der Doppellongen-Arbeit gemacht.
Haben Sie die Vorarbeit gewissenhaft durchgeführt, können Sie die Longen gleich an den Trensen-, Kappzaum- oder Halfterringen einhaken. Diese führen durch die D-Ringe am Sattel oder Longiergurt zu Ihrer Hand. Benutzen Sie keinesfalls weitere Hilfszügel, um das Pferd in irgendeine Haltung zu zwingen! Richtig ausgeführt, erhalten Sie die erstrebte Haltung nach einigem Training von allein. Ziel ist, dass das Pferd sich vorwärts-abwärts streckt und locker mit dem Rücken durchschwingt. Dabei hilft es sehr, wenn Sie im Kopf ein Idealbild von einem gut gearbeiteten Dressurpferd haben und somit »abgleichen« können.
Um nun die ersten Gehversuche einzuleiten, geben Sie dem Pferd das Kommando zum Anlaufen. Die Hilfsperson geht außen in Höhe des Pferdkopfes mit und wirkt – wenn nötig – weiter beruhigend auf das Pferd ein. Das Arbeitstempo ist ausschließlich Schritt. Nun können Sie das Pferd in einem großen Zirkel um sich herum gehen lassen. Üben Sie einfache Wendungen und Handwechsel. Trainieren Sie auch an der Doppellonge nur kurz und nehmen Sie am nächsten oder übernächsten Tag die Arbeit wieder auf. Die Hilfsperson verringert von Mal zu Mal ihre Einwirkung, bis Sie ganz darauf verzichten können.
Nun können Sie Ihr Pferd geradestellen und Ihre Position von der Zirkelmitte hinter das Pferd verlagern. Halten Sie sich bitte immer vom Trittradius fern. Gehen Sie fleißig hinter Ihrem Pferd her und versuchen Sie die bekannten Hufschlagfiguren auszuführen. Am Anfang jeder Trainingseinheit werden – wie beim Reiten – nur große Wendungen eingeleitet. Erst nach der Aufwärmphase kann man sich kleineren Zirkeln und Wendungen widmen. Achten Sie hier auch wieder auf die korrekte Ausführung.
Diese Phase nimmt mindestens ein bis zwei Wochen bei wiederholtem Training in Anspruch. Kann Ihr Pferd die Wendungen und

Handwechsel ausführen, können Sie Ihr Pferd antraben lassen und alle Übungen im Trab versuchen. Sie können nun auch einfache Tempi-Wechsel einbauen. Lassen Sie sich nicht ziehen, sondern gehen Sie wieder fleißig hinter Ihrem Pferd her.

Je nach Ihrer eigenen Begabung und der Ihres Pferdes, können Sie die Ausbildung bis hin zur Piaffe etc. steigern. Diese Arbeit nimmt viele Monate und zum Teil Jahre in Anspruch. Wer nicht so hoch hinaus möchte, sondern sein Pferd einfach ab und zu an der Doppellonge lösen möchte, dem sei diese Arbeit empfohlen. Sie ist nicht nur eine Bereicherung im wöchentlichen Trainingsplan, sondern schult – wie angeführt – das Körpergefühl und die Balance des Pferdes.

Die Fakten zusammengefasst

- Die Arbeit an der Doppellonge dient zur Verbesserung des Gleichgewichtes.
- Sie kann bei gesundheitlichen Problemen des Pferdes eingesetzt werden.
- Sie ist bei der Ausbildung von jungen Pferden zu empfehlen.
- Sie ist eine gute Vorbereitung auf das Fahren.

Die Ausrüstung des Trainers
- Feste Schuhe
- Handschuhe

Die Ausrüstung für das Pferd
- offene, weiche Doppellonge 16–18 Meter
- Kappzaum, Zaumzeug mit Knebeltrense oder weiches Druckhalfter (z. B. Dually-Halfter)
- Gurtunterlage oder Satteldecke
- Gurt mit D-Ringen oder Sattel
- Bandagen, Gamaschen

Verschnallung
Achten Sie – je nach Ausbildung und Anatomie des Pferdes – auf eine angemessene Anlehnung und Position, in der Sie die Longe verlaufen lassen.
Generell gilt:
Hohe Verschnallung = hohe Aufrichtung und fortgeschrittener Ausbildungsstand
Tiefe Verschnallung = normale Anlehnung, Anfang

Trainingsplatz
- weicher Boden
- sichere Umzäunung

In der Eingewöhnungsphase sollte auf jeden Fall eine Hilfsperson zur Verfügung stehen.

2. Hängerfahren aus der Sicht des Pferdes

Die Welt mit Pferdeaugen

Beschäftigt man sich ernsthaft mit der Frage, warum einige Pferde sich standhaft weigern, in den Pferdehänger zu gehen, kommt man um den Aspekt der Wahrnehmung nicht herum. Wie sehen Pferde? Nehmen Sie Gegenstände, Farben und Bewegungen ganz anders wahr als wir? Liegt darin des Rätsels Lösung? Sehen wir uns die Fakten an: Pferde haben die größten Augen aller Säugetiere, also größer als die des Elefanten und doppelt so groß, wie die des Menschen. Als ehemaliges Steppentier war das Pferd auf die Wahrnehmung kleinster Bewegungen in kilometerweiter Entfernung angewiesen. In Versuchen wurde nachgewiesen, dass Pferde auf eine Distanz bis zu 1,5 km Bewegungen erkennen können.

Durch die Anordnung der Augen seitlich am Kopf und den langen Hals als »Drehgestell« wird eine Sicht von 340 bis 360 Grad erreicht. In diesem Blickfeld gibt es lediglich zwei tote Winkel: einen unmittelbar hinter und einen direkt vor dem Pferd. Durch diese seitliche Anordnung der Augen ergeben sich vor dem Pferd zwei Felder mit monokularer Sicht und dazwischen ein Feld mit binokularer Sicht. Nur in dem Feld mit binokularer Sicht ist das Pferd in der Lage Gegenstände dreidimensional wahrzunehmen, so wie wir. In den monokularen Feldern sieht das Pferd die Gegenstände eher flach.

Machen Sie einen Versuch und halten sich zum Verdeutlichen eine Faust von oben zwischen die Augen. Ihr Sehfeld teilt sich nun auf in ein rechtes und ein linkes sowie ein mit beiden Augen zu sehendes Feld unterhalb der Nase, was das binokulare Sehfeld des Pferdes darstellen soll. Stellen Sie sich vor, Sie müssten derart behindert in eine enge Röhre steigen. Würden Sie nicht auch zögern? Zu der guten Fernsicht kommt, dass unsere Vierbeiner laut wissenschaftlichen Untersuchungen 2,5 Bilder die Sekunde mehr sehen als der Mensch. Kleinste Bewegungen werden also exzellent wahrgenommen. Diese Erkenntnis erklärt uns vielleicht, warum einige Pferde bei Ausritten so schreckhaft auf bestimmte Dinge – wie das Flattern einer Siloplane etc. – reagieren.

Im Inneren des Pferdeauges liegt das Tapetum Lucidum, eine lichtverstärkende Schicht. Sie reflektiert auf die Netzhaut auftreffendes Licht und ermöglicht dem Pferd sogar noch im Halbdunkel gut zu sehen. Leider wurde die Farbwahrnehmung des Pferdes lange Zeit in Abrede gestellt. Aktuelle Forschungen haben jedoch ergeben, dass Pferde auf Grün und Blau gut und am wenigsten auf Rot reagieren. Ein Umstand, den mittlerweile auch einige Hindernis-Produzenten berücksichtigen und darauf hinweisen, dass blau-weiße und grün-weiße Stangen im Parcours am besten wahrgenommen werden. Dazu empfehlen sie jedoch auch, die unscheinbaren rot-weißen Stangen zu trainieren. Aus einer Fehlerstatistik ging hervor, dass an Hindernissen mit weißen oder gelb-weißen Stangen die meisten Fehler gemacht wurden (Quelle: Pferde Sport 18/2001).

Sehr interessant ist zudem, dass Pferde in Silhouetten sehen, erkennen und einordnen: Wie oft sind Sie schon mit dem Halfter in der Hand auf der Weide gestanden, und Ihrem Pferd hinterhergelaufen? Habe ich mit Pferden zu tun, bei denen der Fluchtreflex stark ausgeprägt ist, so benutze ich ein rotes Seil. Dieses Seil trage ich nah am Körper – z. B. um den Hals gelegt – und nähere mich so dem Pferd. Bin ich bei ihm, schlinge ich es ihm um den Hals, aber verlasse nicht sofort die Weide. Ich bleibe noch ein paar Minuten bei dem Pferd stehen und gehe dann erst mit ihm los. Warum geht das Einfangen so einfacher? Weil Pferde in Silhouetten sehen! Menschen mit Schubkarren vor sich oder Säcken auf dem Rücken ergeben für Pferde so eine sonderbare Gestalt, dass sie entweder verdutzt stehen bleiben oder mit hohem Schweif die Flucht ergreifen. Auch Gegenlicht erschwert das Erkennen und Einsortieren von Freund und Feind.

Auf einem Spazierritt hatten wir folgendes Erlebnis: Wir machten mit unseren Pferden Rast auf einer Wiese am Wegrand vor einem kleinen Dorf. Autos fuhren auf der nahen Straße vorbei sowie Radfahrer und LKWs. Unsere Pferde grasten friedlich, als plötzlich eines der Pferde den Kopf hochriss und wie versteinert zum Dorfeingang starrte. Nummer zwei, drei und vier taten es ihm gleich. Als sie begannen auf der Stelle zu trippeln, erhoben wir uns, um nachzusehen, was dort los war. Es war eine Mai-Prozession, die sich langsam auf uns zu bewegte. Angeführt wurde sie von drei Geistlichen, die an langen Stangen wehende Stoffheiligenbilder über sich trugen. Unsere Pferde schnaubten aufgeregt, und jedes schien erkennen zu wollen, was dieser seltsame große Wurm vorhatte. Erst, als die Prozession schon bis auf ca. 50 m an uns herangekommen war, stimmten die Geistlichen ein Kirchenlied an. Offenbar konnten unsere Pferde nun mit dem Klang der menschlichen Stimme die Silhouette einordnen und beruhigten sich sofort. Einer nach dem anderen begann wieder zu grasen.

So hören Pferde

Die Ohren der Pferde empfangen nicht nur hörbare Signale, sondern sie senden auch optische Signale aus: Die Stellung verrät den Artgenossen, wie die Stimmung ist, ob er/sie sich nähern darf oder ob es aus einer bestimmten Richtung etwas zu orten gibt. Ähnlich wie bei Katzen vermutet man, dass sich Pferde durch Geräusche orientieren und so im Kopf eine Art »Landkarte« ihrer Umgebung erstellen. Wissenschaftler haben nachgewiesen, dass Pferde in einem Bereich bis zu 25.000 Hertz hören. Zum Vergleich: wir Menschen schaffen es nur bis 12.000 Hertz. Hinzu kommt, dass 16 verschiedene Muskeln das Pferdeohr bewegen und es bis zu 180 Grad drehen können. Das ermöglicht ihnen, Geräusche aus den verschiedensten Richtungen wahrzunehmen. Extremer Lärm ist ebenso peinigend für Pferde wie für uns Menschen.

Auf einer Autobahnfahrt konnte ich zwei Pferde im Hänger beobachten. Es war eine Stadtumgehung, also eine viel befahrene Strecke, auf der ich ca. 30 Minuten hinter dem Hänger herfuhr. Am unruhigsten waren die Pferde, wenn rechts und links LKWs mit Getöse vorbeifuhren. Eines der Pferde trat immer wieder nach hinten aus und beruhigte sich sofort, wenn der Lärm vorbei war. Ein Umstand, dem sich bereits ein Hängerhersteller angenommen hat und eine Pferde-Transportkabine mit Geräuschpegel-Senkung auf den Markt gebracht hat!

So riechen Pferde

Der Geruchsinn von Pferden ist viel ausgeprägter, als der von uns Menschen. Weit entfernte Gerüche wie die einer rossigen Stute werden vom Pferd wahrgenommen. Auch Wasser können Pferde schon von weitem riechen. Bei diesem guten Näschen ist es erklärbar, dass Pferde, die einmal in einem Viehhänger transportiert wurden, sich in vielen Fällen nicht mehr verladen lassen. Mit dem so genannten Flehmen – was Hengste, Wallache und Stuten gleichermaßen machen – verschließen Pferde durch Hochklappen der Oberlippe ihre Nüstern. Dadurch wird der Geruch intensiv eingezogen. Am Pferdegaumen befindet sich das »Jacobsonsche Organ«, auch Vomeronasale Organ genannt, was dazu da ist, Duftstoffe wie Pheromone zu analysieren. Pheromone teilen nicht nur dem Hengst das Rossigkeits-Stadium der Stute mit, sondern sie helfen dem Pferd Artgenossen zu erkennen und zu unterscheiden sowie Gerüche zu testen und abzuspeichern.

Stress im Hänger

Achtung Kolikgefahr!

Die Ursachen für eine Kolik können vielschichtig sein. Stress wird als Auslöser für eine Kolik heiß in der Fachwelt diskutiert. Die Experten sind sich einig, dass Stress und übermäßige Belastung am und im Hänger eine Kolik auslösen können. Messbare Aussagen fehlen jedoch, wie Dr. Friedemann Reichert von der Tierärztlichen Klinik Bingerwald erklärt. Oft bringen Pferdehalter eine Kolik nach einer Hängerfahrt nicht in direkten Zusammenhang mit dem Stress beim Transport.

Krankheitszustände im Magen-Darm-Trakt werden alle mit dem Oberbegriff »Kolik« benannt. Generell unterteilt man Kolik in drei Gruppen: die spastische Kolik, die Gaskolik und die Obstipationskolik. Bei Beginn fast jeder Kolik findet man zentrale Irritationen wie Schwäche, Schwindel und Schwitzen.

Bei einer leichten Kolik geht das Pferd unruhig auf und ab, legt sich immer wieder beschwert hin und steht direkt wieder auf. Begleitet von leichtem bis heftigem Scharren schaut es öfter zu seinem Bauch. Durch die Darmschmerzen tritt es immer wieder nach dem Leib und verweigert jegliches Futter.

Bei einer mittleren Kolik ist das Pferd schon wesentlich unruhiger. Auch hier legt es sich in kurzen Abständen hin und steht gleich wieder auf. Dabei kommt es vor, dass es sich auf den Rücken rollt und so verweilt. Sein Hals ist meist nass vor Schweiß. Von einer starken Kolik spricht man, wenn das Pferd bereits die Augen schmerzgeweitet hat und schwer atmet. Es kann zu Boden fallen und wirkt vollkommen kraftlos. Starke Schweißausbrüche über dem gesamten Pferdekörper kündigen einen nahen Kreislaufkollaps an.

Anatomisch haben Pferde einen sehr komplizierten Verdauungstrakt, ungünstige Umstän-

■ **Die Wahrnehmung des Pferdes unterscheidet sich von der des Menschen.**

de können schnell zu einer Kolik führen: Kolik vorbeugend ist in der Regel eine artgerechte Haltung, die richtige Ernährung, normale Be- und Auslastung und regelmäßige Parasitenbekämpfung.

Austrocknung durch rapiden Flüssigkeitsverlust

Die amerikanischen Forscher Jones und Stull (University of California) bewiesen in einem Test, wie hoch der Stress für ein Pferd beim Transportieren ist. Am höchsten waren die Messwerte in der Ein- und Ausladephase. Auch dann, wenn das Pferd scheinbar gelassen den Hänger betritt und verlässt. Während des Transportes erkannten Jones und Stull anhand von Messsensoren, dass der Pegel des Stresshormons Kortisol im Blut anstieg, was eine Verminderung der weißen Blutkörperchen zur Folge hat, was wiederum ein geschwächtes Immunsystem anzeigt. Zusätzlich verloren die Testpferde der Forscher sechs Prozent ihres Körpergewichts. Durch den rapiden Flüssigkeitsverlust stieg der Hämatokrit- und Gesamteiweißwert. Erhöhte Glukose und Laktatwerte zeigten Muskelaktivität und Erschöpfung an. Sogar einen Tag nach dem Transport waren Glukose, Kortisol und weiße Blutkörperchen noch nicht auf die Werte, die vor dem Transport gemessen wurde, gesunken. Das Fatale daran: Alle Testpferde sahen relativ gelassen aus und gaben äußerlich keinen Grund zur Besorgnis. Doch die Testwerte waren eindeutig. Je länger die Fahrt dauerte, desto schwächer wurde das Immunsystem. Daher der Tipp von Jones und Stull: Pferde maximal 600 km oder höchstens acht Stunden zu transportieren. Müssen sie länger transportiert werden, sollten die Pferde anschließend fünf Tage nur im Schritt bewegt werden.
(Quelle: CAVALLO, 8/2000)

Reisekrankheit »Shipping Fever«

Stress im und am Hänger ist für Pferde ungesund. Um die Belastung ein wenig zu reduzieren, sollten Sie als Pferdehalter also nicht nur das Verladen mit Ihrem Pferd üben, sondern auch später beim Transport auf verschiedene Dinge achten. Dazu gehört die Vorbeugung vor Pleuropneumonie kurz Shipping Fever (Reisefieber) genannt. Kurzes, hohes Anbinden sowie Dreck und Staub im Hänger sind die auslösenden Faktoren. Achten Sie besonders in den Tagen nach einem Transport auf Ihr Pferd: Sollte es leicht husten, stellen Sie es besser gleich dem Tierarzt vor, denn dieser Husten kann sich beim Reisefieber bis zur Lungenentzündung oder Dämpfigkeit ausweiten. Das kurze, hohe Anbinden kombiniert mit einem geschwächten Immunsystem und der immensen Staubbelastung eines eingestreuten Hängers sind die Ursache des Reisefiebers. Im Hänger erreicht dann die Partikeldichte einen sechsfach höheren Wert als in einer Box oder in der Reithalle. Zu schaffen macht dem Pferd das normalerweise harmlose Bakterium Streptokokkus Zooepidemicus, das in den Atemwegen lebt. Beim Transport wird das Immunsystem jedoch so geschwächt, dass Staubpartikel aus Heu oder getrocknetem Kot des Pferdes, tief in die Bronchien eingeatmet werden. Durch die Möglichkeit beraubt, den Kopf zu senken, verliert das Pferd gleichzeitig die Gelegenheit, den angesammelten Dreck über die Nüstern loszuwerden. Die Bakterien wandern tiefer und setzen sich fest. Bereits leichter Husten nach einem Transport im Pferdehänger kann schon das gefürchtete Shipping Fever ankündigen. Leider sind in den meisten Hängern die Anbindeketten bereits in der Höhe vorgegeben. Achten Sie deshalb besonders bei dem Transport von Ponys auf eine verstellbare Bruststange und Anbindkette. Weiterhin ist es sinnvoll, bereits beim Hängerkauf darauf zu achten, dass er sich leicht reinigen lässt. Rutschfester Gummiboden lässt sich problemlos abspritzen, ein Holzboden vergeht bei hoher Beanspruchung schnell und ein Filzboden ist nicht im Ansatz »porentief« rein zu bekommen.

Auch wenn es schwer fällt!

Streuen Sie Ihren Hänger nicht mit Stroh oder Späne ein. Sieht es auch spartanisch aus, so ist das die pferdefreundlichste Lösung! Außerdem sollten Sie in Zeiten von akuter MKS (Maul- und Klauenseuche) ohne Transportverbot Ihren Pferdehänger nach jeder Fahrt mit einer Desinfektionslösung säubern. Fahren Sie in »normalen Zeiten« regelmäßig auf Turniere, zahlt es sich auch hier aus, den Hänger inklusive der Reifen mit Wasser zu reinigen und danach zu desinfizieren.

Gerüttelt und geschüttelt

Nicht nur durch dicke Luft oder stressiges Verladen leiden unsere Vierbeiner. Die beim Transport entstehenden ständigen Vibrationen, die sich vom Hängerboden auf das Pferd übertragen bedeuten ebenfalls puren Stress. Es war wieder die amerikanische Forscherin Carolyn Stull, die anhand von Sensoren feststellte, dass Amplitude und Frequenz der Vibrationen im Huf, denen des Hängers entsprachen. Aber: Im Pferdekörper wurden sie stärker und betrugen zwischen 3 und 30 Hertz. Ein Bereich, bei dem Menschen bereits Kreislaufprobleme haben können.

Pferde reagieren dazu mit Erschöpfung bis hin zu Kolik. Optimale Stoßdämpfung wurde durch die Kombination von Blattfedern und möglichst niedrigem Reifendruck erreicht. Achtung: Letzteres ist nicht für alle Hängertypen zu empfehlen.
(Quelle: CAVALLO, 10/2000)

Vibrationen

Viele Hersteller von Pferdetransportern bemühen sich inzwischen um die Sicherheit und Verbesserung von Transportsystemen. Im Oktober 2000 stellte die Fachzeitschrift CAVALLO in einem Test das Sicherheitssystem von Walter Kraps für Pferdehänger vor. Um die krankmachenden Stöße und Schwingungen für die Pferdebeine abzufangen, entwickelte Kraps eine, für jeden Hänger nachrüstbare und 275 kg schwere Wanne, die auf einem Gummilager-Bodenschwingsystem aufliegt. In dem Test wurden von dem Biologen Dr. Parvis Falaturi ein Schwingungsmesssystem an den Beinen des Testpferdes befestigt. Zum Vergleich standen weiterhin ein Anhänger der Marke Fautras und ein Anhänger der Marke IFOR Williams zur Verfügung. Bei der Auswertung staunte die Beteiligten nicht schlecht: Zum einen entdeckte Dr. Falaturi einen bisher unbekannten Effekt, der zeigte, dass sich Schwingungen verdreifachten und sogar vervierfachten, wenn Hänger und Pferdebein für einen Bruchteil einer Sekunde in der gleichen Frequenz schwingen. Dabei kommt das Pferd erheblich aus der Balance. Zum anderen ergab der Test, dass der IFOR-Hänger seine Insassen deutlich weniger durchschüttelt, als der Testhänger von Kraps. Dies ergibt als Resümee für den Pferdehalter: Balance und Koordination des Pferdes schulen, soweit eben möglich. Zum Beispiel durch gezielte Bodenarbeit!

3. VERLADE-TRAINING FÜR DEN MENSCHEN

Körper- und Geisteshaltung

Wie Sie an eine Aufgabe herangehen, ist bestimmt durch Ihre Einstellung. Erwartungen, Hoffnungen und Wünsche sind im Geiste vorhanden. Unsere Geisteshaltung beeinflusst unsere Körperhaltung – und über diese kommunizieren wir mit unseren Pferden. Ein Pferd »liest« Sie wie ein Buch. Kommen Sie in den Stall, so brauchen Sie nicht erst zu schreien, damit Ihr Pferd erkennt, dass Sie heute schlechte Laune haben. Ihre Körperhaltung wird es ihm vorher verraten. Ihr Pferd beobachtet Sie ständig und ordnet Ihre Gestik und Mimik den einzelnen Gemütszuständen wie Freude, Zorn, Aufregung, Angst, Trauer etc. zu.

Machen Sie sich aber stets bewusst, dass Zögern und innere Unsicherheit Ihrem Pferd ein ganz besonders deutliches Signal geben. Das kann dazu führen, dass Ihr Pferd selbst die Führung übernimmt. Und das kann wiederum in manchen Situationen für den Menschen recht riskant werden. Zum Beispiel wenn sich Ihr Pferd mit einem schnellen Satz zur Seite in Sicherheit bringen will, während Sie noch auf »geradeaus« programmiert sind. Um unsere Körpersprache einzusetzen, müssen wir erst einmal unser Bewusstsein dafür schärfen.

Beobachten Sie, wie verkümmert die Kommunikationsfähigkeit der Menschen untereinander ist. Vor allem in den Großstädten hasten die Menschen mit gesenktem Blick aneinander vorbei. Lächeln Sie einen fremden Menschen an, werden Sie zum Teil argwöhnisch beäugt und nicht wenige werden denken: »Die will mir sicher etwas verkaufen oder sammelt Unterschriften. Vielleicht hat sie Drogen genommen?«

Übertragen auf unser Verhältnis zu Tieren sind es auch die wenigsten Menschen, die ohne Worte mit Tieren kommunizieren. Tiere untereinander sprechen nicht, sie verständigen sich fast alle mit ihrer Körpersprache. Wie sonst könnten sich Löwen – wenn sie lautlos im Rudel jagen – verabreden, welches Zebra sie reißen?

Was aber machen wir Menschen? Wir stürzen uns wieder auf die Laute, die Tiere abgeben und versuchen diese zu deuten. Mit unseren Haustieren sprechen wir über eingeübte verbale Befehle (Sitz, Platz beim Hund oder Steh beim Pferd) – um das Gewollte zu erreichen. Dabei entlarven Sie uns vielleicht als »körpersprachliche Lügner«: Komm, geh in diesen Hänger (dabei haben wir Angst und signalisieren dem Pferd genau das Gegenteil). Würden wir nicht sprechen, sondern müssten alles dem Pferd mittels unserer Körpersprache beibringen, hätten viele Menschen ein Problem, weil sie sich ihrer non-verbalen Kommunikationsfähigkeit erst einmal bewusst werden müssten. Anton Fichtlmeier, ein bekannter Hundeausbilder, umschrieb es mit den Worten »Verlier deine Sprache, dein Sprechen, um mit dem Hund zu kommunizieren«. Zu sehr haben wir uns auf schnalzen, gut zureden und Befehlegeben konzentriert und reduziert, so dass wir dabei vollkommen übersehen, dass Pferde untereinander eine lautlose Sprache sprechen. Informationen untereinander erhalten Pferde durch Position und Bewegung im Raum. Anhand von Körpersilhouetten (angelegte Ohren, angehobenes Bein, gestreckter Hals, in Falten gelegte Nüstern etc.) lesen Sie bei den Gefährten ab, ob Sie sich nähern dürfen oder ob Fellpflege gewünscht ist. Sie sehen auch, wenn sich etwas am Horizont bewegt. Deshalb ist es sehr wichtig, dass Sie sich Ihrer Körpersprache bewusst werden und sich klarmachen, wie Sie auf das Pferd wirken. Dazu gehört z. B., dass Sie das TEF-Training **lautlos** durchführen. Also ohne Schnalzen oder »Hopp« etc.

Kommunizieren Sie über Ihre Körpersprache!

Achten Sie am Hänger besonders darauf, Ihrem Pferd nicht in die Augen, sondern auf die Hufe zu sehen. Gehen Sie in den Hänger und **wollen** Sie, dass Ihr Pferd Ihnen folgt. Gehen Sie dabei forsch und überzeugt vorwärts. Ob Sie es richtig machen, wird Ihnen Ihr Pferd sofort beantworten.

Ein weiterer wichtiger Aspekt ist die eigene Angst. Haben wir Angst, signalisieren wir dem Pferd »Pass gut auf, hier stimmt etwas nicht«. Das Pferd reagiert und verweigert das Einsteigen in den Hänger. Durch eine bestimmte Geisteshaltung wird unsere Angst-Körperhaltung noch weiter bestärkt.

Eine meiner Seminarteilnehmerinnen neigte dazu, sich ständig darüber Sorgen zu machen, was passieren könnte, wenn sie mit ihrem Pferd ausreitet, es irgendwo anbindet, es dem Tierarzt vorstellen muss usw. Dies führte dazu, das sie nach eigenen Angaben nicht mal mehr dazu in der Lage war, ihr Pferd zu führen. Ob aus der Box oder von Weide zu Weide, jedesmal riss sich Franco los und hinterließ eine in Tränen aufgelöste Besitzerin. Wir vereinbarten ein Tagesseminar. Schon am Anfang fiel mir ihre schlechte Körperhaltung auf. Sie machte einen runden Rücken, es sah aus, als hätte sie einen Buckel. Nach einem Entspannungsteil übten wir das tiefe Durchatmen. Francos Besitzerin litt an Asthma. Nach Aussage ihres Arztes hatte sie sich das Asthma »herangeatmet«, da sie sehr flach und verkrampft atmen würde. Ihre ganze Abwechslung war ihr spinniger Franco, durch

■ **Wem würden Sie vertrauen und folgen?**

dessen Ungezogenheiten sie zusätzlich wieder starke Asthma-Anfälle bekam. Wir konzentrierten uns auf die Führarbeit. Wir begannen auf dem Sandplatz mit dem Training und steigerten uns gegen Abend soweit, dass Franco am Druckhalfter durch die umliegenden Felder geführt werden konnte. Sogar eine Koppel mit tobenden Ponys, die sonst immer sein Auslöser zum Ausrasten waren, passierte die Besitzerin problemlos. Am Ende des Seminars sagte sie einen sehr interessanten Satz zu mir: »Ich fühle mich innerlich 10 cm größer«. Im Laufe des Tages hatte sich ihr Körper etwas aufgerichtet, und durch die ersten Erfolgserlebnisse auf dem Platz fand sie wieder zu mehr Selbstvertrauen. Nach einem halben Jahr schrieb sie mir, dass sie weiter mit Franco trainiert hätte. Ihr Pferd wäre gelassener und beim Führen hätte sie keine Probleme mehr. Für mich ein Beweis dafür, dass die Körperhaltung die Geisteshaltung ausdrückt und die Geisteshaltung die Körperhaltung beeinflusst.

Welcher Typ Mensch sind Sie?

Bei meinem Verlade-Training beobachte ich, dass verschiedene Menschen sich oft nach bestimmten Reaktionsmustern verhalten. Die folgende Einteilung ist natürlich nur ganz grob, aber es kann für Sie dennoch interessant sein, einzuschätzen, zu welcher der hier aufgeführten Kategorien Sie tendieren.

Der Zögerer geht schon äußerlich erkennbar so unsicher, dass Pferde darauf reagieren müssen und Gefahr vermuten. (Pferd: »Wo der Führer unsicher ist, muss ich die Entscheidung allein treffen und die heißt: da

nicht rein!«). Meist in etwas gebückter Haltung schleicht der Zögerer vor seinem Pferd her. Oft ist er selbst sehr aufgeregt, weil »es ja in den furchtbaren Hänger« geht. Wenn Sie meinen, dass Sie ein Zögerer sind, lassen Sie sich von Freunden oder Reitstallbekannten optisch analysieren. Trifft dies zu, dann müssen Sie Ihre Körpersprache dahingehend korrigieren, dass Sie aufrecht und zielstrebig in den Hänger gehen. Lassen Sie zur Probe eine andere Person Ihr Pferd verladen. Funktioniert es, beobachten Sie dabei die Körperhaltung der Person und versuchen Sie, diese Haltung zu imitieren. Wie gut Sie dabei sind, sagt Ihnen Ihr Pferd sofort!

Der Abstopper ist die Steigerung des Zögerers. Er stoppt die eigene Bewegung ab, um zu sehen, ob sein Pferd hinterher kommt. Die Folge: Sein Pferd stoppt natürlich auch ab und wird aus dem Bewegungsfluss gerissen. Erinnern Sie sich noch an die Übung im Bodenarbeitsteil »Anfassen verboten«? Machen Sie sich immer klar, wie viel Sie Ihrem Pferd mit Ihrer Körpersprache mitteilen können. Versuchen Sie auch beim Verladen zu einem harmonischen Ganzen zu kommen, also den Verlade-Ablauf in einem Fluss zu erreichen. Zwingen Sie sich, nicht abzustoppen, sondern einfach weiterzugehen. Folgt Ihr Pferd die ersten Male nicht, weil es gelernt hat, vor dem Hänger oder auf der Rampe abzustoppen, geben Sie einfach Longe und gehen selbst in das Innere des Hängers. Dort legen Sie leicht Druck auf die Longe und beginnen mit dem Come-Along. Die Verlade-Methode Come-Along wird auf Seite 87 ausführlich besprochen. Sie sollten aber erst dreimal den Versuch machen, wie Ihr Pferd nun darauf reagiert, dass Sie einfach weitergehen. Erfahrungsgemäß folgt Ihnen Ihr Pferd beim vierten Mal. Im Ablauf wäre das wie folgt: Auf den Hänger zugehen (Pferd bleibt stehen),

■ Denken Sie an Ihre Körperhaltung (und Geisteshaltung), wenn Sie auf den Hänger zu- und hineingehen: Aufrecht und innerlich voll entschlossen.

Sie gehen weiter bis ins Innere, geben dann ein wenig Druck auf die Longe und geben wieder nach, Ihr Pferd rührt sich nicht, Sie nehmen die Longe wieder auf, gehen hinaus, nehmen Ihr Pferd und gehen in einem Halbkreis wieder auf den Hänger zu und beginnen von vorn. Wichtig ist auch hier, den Bewegungsablauf ohne Unterbrechung in einem Fluss zu gestalten.

Der Abschlepper nimmt sein Pferd sozusagen ins Schlepptau und geht einfach los. Zu spät merkt er dann, dass sein Pferd rechts oder links am Hänger vorbeiläuft, während er im Inneren des Hängers wartet. Aber: In der Regel ist es besser ein Abschlepper-Typ zu sein, als ein Zögerer, denn auf das Pferd aus dem Augenwinkel zu achten lässt sich leichter trainieren, als plötzlich die ganze Körpersprache auf »Ich bin voll entschlossen« umzustellen. Läuft Ihr Pferd am Hänger vorbei, sollten Sie mit einer Gasse aus Strohballen, die Sie vor dem Hänger aufbauen, üben. Bleibt das Pferd stehen, lassen Sie es stehen und gehen weiter. Dank der Strohballen wird es nicht mehr am Hänger vorbeilaufen können und so haben Sie die Möglichkeit, es z. B. mit dem Come-Along in den Hänger zu holen. Die Verlade-Methode Come-Along wird auf Seite 87 ausführlich besprochen.

Der Tüddler tüddelt auch sonst gerne mit dem Pferd und lässt so einiges durchgehen. Deshalb nimmt er es auch am Hänger nicht so genau, denn er ist ganz auf die Gefahren im und am Hänger fixiert. Er lässt seinem Pferd mächtig viel Zeit vor dem Hänger und auf der Rampe. Der Tüddler glaubt, sehr geduldig zu sein, tatsächlich verbringt er nur einen unproduktiven Nachmittag am Hänger. Der Tüddler und sein Pferd bilden mit Sicherheit ein tolles Paar. Das Problem: Sein Pferd erkennt ihn aber nicht als Führer an und geht aus diesem Grund auch nicht in den Hänger. Wie bereits erwähnt, muss Konsequenz nicht Strafe oder etwas Negatives für das Pferd bedeuten. Konsequenz leitet das Pferd und verhindert, dass es in kritischen Situationen eigene Entscheidungen trifft. Ein wenig mehr Führung und der Tüddler wird auch am Hänger Erfolg haben.

Der Führer ist das Idealbild eines Verlade-Trainers. Ihn zeichnet seine eindeutige Körpersprache aus. Er gibt nach, fordert und beendet das Training immer im richtigen Moment. Er bereitet sein Pferd auf die Anforderungen sorgfältig vor und verlangt niemals Übungen ab, die nicht trainiert wurden. Er spart nicht mit Lob. Er ist emotionslos im Training und straft niemals ungerecht, wobei strafen für den Führer natürlich nur bedeutet, dass er das Training länger gestaltet oder eine unerwünschte Situation ignoriert.

So trainieren Sie sich selbst

Ihre Position und Körperhaltung am Hänger

Ihr Blick
Achten Sie auf Ihren Blick! Es wird immer noch vielen Reitern beigebracht, dass Sie Ihr Pferd ansehen sollen, wenn Sie mit ihm arbeiten. Darauf reagiert das Pferd jedoch in 90 % der Fälle mit zurückweichen. Wie beim TEF-Training fordern wir das Pferd dadurch eher zur Flucht auf. Das Raubtier starrt das Beutetier an, wenn es sein Ziel fixiert. Deshalb gewöhnen Sie sich an, Ihren Blick beim Verladen stur auf die Beine und die Hufe des Pferdes zu richten! Dies hilft Ihnen auch dabei, in genau dem richtigen Moment an der Longe nachzugeben, wenn Ihr Pferd ein Bein hebt.

Ihre Beine

Verschaffen Sie sich einen sicheren Stand, der Sie befähigt, schnell zu reagieren. Das schaffen Sie am besten, indem Sie sich etwas breitbeinig hinstellen. Ein Pferd ist – wie wir alle wissen – ein Fluchttier. Seine Reaktionen sind blitzschnell und nicht immer voraussehbar. Gerade im Hänger kann es bei heftigen Sprüngen des Pferdes recht eng werden. Hier ist Ihre Reaktionsschnelligkeit gefragt.

Ihr Körper

Gehen Sie mit Ihrem Pferd auf den Hänger zu, dann sollte Ihre Position aufrecht und Ihr Blick nach vorn gerichtet sein. Stellen Sie sich vor, Sie ließen sich von jemandem führen. Bei dieser Person würden Sie genau diesen Blick voraussetzen. Beobachten Sie z. B. einen Lehrer, der eine Gruppe Kinder über die Straße führt. Er geht voran, beobachtet aber dabei im Augenwinkel, ob auch alle mitkommen. Ein Ausweichen in andere Richtungen bzw. Trödeln lässt sich so vermeiden.

Im Hänger

Einige Pferde gehen lieber zu einem Menschen, der aufrecht im Hänger steht. Besonders die kleineren Pferde mögen es, wenn man nicht mit dem Körper blockt und groß vor ihnen steht. Sie kommen eher, wenn man in die Hocke geht. Variieren Sie und werden Sie kreativ, kombinieren Sie die verschiedenen Möglichkeiten. Kommt es im Training zum Stillstand, dann machen Sie wieder mehr Aktion. Das heißt, Sie gehen vor und zurück oder im Hänger von rechts nach links.

Geduld und Atmen

Haben Sie sich entschlossen, das Training konsequent auf sich zu nehmen, verlange ich absolute Geduld von Ihnen. Sie sind der Lehrer, Ihr Pferd der Schüler. Agieren Sie so, dass es

für Ihr Pferd möglich ist zu lernen. »Erklären« Sie auch mehrmals, wenn es sein muss. Führen Sie alle angegebenen Übungen gewissenhaft aus. Denn: Ohne sorgfältiges Üben haben Sie nicht das Recht, Leistung von Ihrem Pferd abzufordern. Als nächstes machen Sie sich bewusst, dass schlechte Gefühle von Ihrem Pferd wahrgenommen werden. Nicht nur an Ihrer Silhouette, Ihrer Körperhaltung, erkennt Ihr Pferd, wie Sie gerade »drauf« sind. Es nimmt auch wahr, wie schnell Ihr Puls schlägt und wie schnell oder langsam Ihre Atmung ist. Sind Sie also aufgeregt und atmen schneller, weil in Ihrem Kopf schon wieder die wildesten Abenteuer ablaufen, was heute alles Schreckliches passieren könnte, so versuchen Sie sich zu entspannen. Ebenso fatal ist es, wenn Sie Ihren Atem anhalten und kurz und flach atmen. Sie verkrampfen sich innerlich und durch den flachen Atem wird Ihr Gehirn nicht mit ausreichend Sauerstoff versorgt. Versuchen Sie, zu einer ruhigen und gleichmäßigen Atmung zu kommen. Durch die Atem-Übungen werden Sie sich schnell entspannen und ein erfolgreiches Verlade-Training kann beginnen.

Entspannung durch Atmung

Entspannung erreicht man durch richtiges und bewusstes Atmen. Denn: Atmen ist weitaus mehr, als nur Luftholen. Gefühle von Enge, Atemlosigkeit und Angst können Folgen des falschen Atmens sein. Der Atem ist Spiegel der Seele und des körperlichen Befindens. Eine richtige Atemtechnik verbessert alle Lebensfunktionen. Sie hat einen positiven Einfluss auf den Spannungszustand der Muskulatur (deshalb merken Pferde auch durch den Sattel, wenn wir Angst haben). Richtige Atmung unterstützt Ihr Wohlbefinden und hilft Ihnen bei der Bewältigung von schwierigen und stressigen Alltagssituationen. Wir atmen ein, um das Gehirn mit Sauerstoff zu versor-

■ **Wer aufgeregt ist, sollte gerade vor einem Turnier spezielle Atem- und Entspannungs-Übungen machen.**

gen. Richtiges Atmen kann einen Zustand ängstlicher Erregung in einen Zustand relativer Ruhe und Gelassenheit verwandeln. Nicht zuletzt, um den Körper von den vielen negativen Auswirkungen von falschem Atmen und Angst zu befreien. Asthma oder Magengeschwüre können die Folge sein. Denken Sie daran, dass verkrampftes, kurzes und flaches Atmen ebenso wie schneller Pulsschlag von Pferden wahrgenommen wird, was diese wiederum auch in Panik versetzen kann.

Zen-Atmung
Der Atem ist der Anfang allen Lebens. In der asiatischen Kampfkunst spielt die richtige Atem-Technik eine übergeordnete Rolle. Sie entscheidet über Sieg oder Niederlage über den Gegner. Gegner können eine Person sein, aber auch die Ängste und Sorgen im Kämpfer. Die Zen-Atmung zielt in erster Linie darauf ab, einen langsamen, kraftvollen und natürlichen Atem-Rhythmus zu schaffen.
In schwierigen Situationen, vor wichtigen Gesprächen oder um mich ganz bewusst zu

entspannen, atme ich nach der so genannten Zen-Atmung.
Setzen Sie sich an die frische Luft und atmen Sie tief und langsam durch die Nase ein und aus. Dabei konzentrieren Sie sich ganz auf Ihre Empfindungen und Sinneseindrücke. Nach fünf Minuten machen Sie noch einmal einen tiefen Atemzug. Nun ist das Gehirn wieder frisch mit Sauerstoff versorgt, und es kann losgehen.

■ **Kiki Kaltwasser und ihr Trainings-Vorbild Monty Roberts.**

Macht mir nix ...

Sich gewaltlos und emotionslos verhalten sind zwei Grundbedingungen beim Verladen. Unter dem Begriff gewaltlos kann sich sicher jeder etwas vorstellen. Gemeint ist, dass man das Pferd nicht in den Hänger zwingt. Denn: Gewalt beginnt da, wo Wissen endet. Und »emotionslos«? Es soll natürlich nicht bedeuten, dass man sich beim Verladen herzlos verhält. Was ist also mit emotionslos in Bezug auf das Verlade-Training gemeint? Monty Roberts benutzt in seinen Vorführungen die Beschreibung »I don't care«, was von seinem Show-Übersetzer Ras Barthel mit den Worten »Macht mir nix« sehr treffend ins Deutsche übersetzt wurde. Mit dieser Geistes- und Körperhaltung entschärfen Sie jede kritische Situation von vornherein. Sagen Sie sich wenn es schwierig wird diese drei Wörter laut oder leise im Geiste vor. Dadurch lassen Sie sich gar nicht erst provozieren. Springt mein Pferd umher und tobt sich neben mir aus: Macht mir nix! Steigt mein Pferd am Hänger und bockt: Macht mir nix! Steht mein Pferd bereits halb im Hänger und bricht dann nach hinten aus: Macht mir nix! Tief durchatmen und die Übung von vorne aufbauen. Beäugen Sie sich selbst kritisch, vielleicht haben Sie ja die unerwünschte Reaktion Ihres Pferdes heraufbeschworen. Ein ruhig durchgeführtes Training wird Sie immer schneller zum Ziel führen. Und: Ihr Pferd wird Sie weiter als Führer akzeptieren, wenn Sie ruhig und besonnen bleiben.

Hilfe durch Psychokybernetik

Wie oft ist es Ihnen schon so ergangen: Ihr Pferd reagiert vor dem Hänger heftig und es steigt dieses mulmige Gefühl oder sogar Angst in Ihnen auf? Eine natürliche Reaktion, denn Angst soll den Menschen vor Gefahren schützen. Deshalb hier nochmals die eindringliche Warnung: Haben Sie Angst, dann lassen Sie sie zu und überschätzen oder überfordern Sie sich nicht. So passieren nämlich die meisten Unfälle. Haben Sie ein ungutes Gefühl am Hänger oder auch beim Reiten, dann lassen Sie die Finger davon! Bitten Sie andere um Hilfe oder fragen Sie einen Profi-Ausbilder um Rat. Pferde spüren Ihre Angst. Kleinste Verkrampfungen in unseren Bewegungen erkennen und verarbeiten sie zu Informationen über unseren Gemütszustand.
Wer das ab und zu auftretende mulmige Gefühl im Bauch loswerden möchte, um eine neue Ausgangsbasis zu erreichen, der sollte sich näher mit Psychokybernetik beschäftigen. Es gibt eine Reihe an Literatur zu diesem Thema. Mein Tipp ist »Psychokybernetik« von Dr. B. Sommer.

Psychokybernetik steht für eine Wissenschaft, die 1948 vom amerikanischen Mathematiker Norbert Wiener begründet und vom amerikanischen Psychologen Maxwell Maltz weiterentwickelt wurde. Der Begriff Psychokybernetik ist abgeleitet vom griechischen Wort Kybernètes (= Steuermann) und bedeutet in diesem Sinne Steuermannskunst. Diese Steuermannskunst soll bewusst eingesetzt werden, um unser Unterbewusstsein in eine bestimmte Richtung zu steuern. Denn: Es ist allein unser Selbstbild, das unsere Grenzen bestimmt!

Wer sich den ganzen Tag sagt: Ich kann diese Aufgabe nicht schaffen, verankert im Unterbewusstsein, dass die Lösung dieser Aufgabe unmöglich ist und blockiert sich somit selbst. Anschaulich erklärt: Der Psychologe Tom Miller vergleicht Ober- und Unterbewusstsein des Menschen mit einem Pferd und seinem Reiter. Das Oberbewusstsein ist dabei der Reiter, das Unterbewusstsein das Pferd. Befehle vom Reiter werden artig vom Pferd ausgeführt. Alle Reaktionen des Pferdes stehen und fallen mit den Befehlen des Reiters. Ist sich der Reiter sicher und bestimmt eine Richtung, führt es das Pferd (Unterbewusstsein) aus. Ist sich der Reiter unsicher oder hat Angst, geht das Pferd durch.

Mit bestimmten Befehlen können wir also unser Unterbewusstsein steuern. Dies geht nicht im Handumdrehen, denn meist müssen lange »eingehämmerte« Informationen an unser »inneres Pferd« erst langsam umprogrammiert werden. Denn: Was immer wir uns als wahr vorstellen, wird von unserem Unterbewusstsein geglaubt.

Wie verändere ich nun mein Selbstbild?

In der Psychokybernetik wird die Kunst der Umprogrammierung in fünf Schritten – hier gerafft – dargestellt.

Die Umprogrammierung mit Hilfe des CRAFT-Prozesses

Cancel = Löschen
Replace = Ersetzen
Affirm = Bestätigen
Focus = Konzentrieren auf
Train = Üben

Was bedeutet Löschen?

Löschen Sie bewusst alte Daten! Sobald in einer bestimmten Situation Ihre Gedanken um einen bestimmten Satz kreisen (Mein Pferd geht nicht in diesen Hänger! Das kann ich nicht! Jetzt flippt mein Pferd gleich aus! Ich falle herunter!) sagen Sie sich in Gedanken oder auch laut: »Löschen«

Was bedeutet Ersetzen?

Ersetzen Sie den alten Gedanken durch einen neuen, positiv behafteten, z. B: Ich versuche es! Das wird nicht passieren!

Was bedeutet Bestätigen?

Bestätigen Sie sich Ihr neues Bild. Auch kleine Erfolge zählen; denken Sie beständig an das Ziel, das Sie erreichen wollen, nämlich die Situation zu meistern und zu bestehen.

Was bedeutet Konzentrieren auf?

Konzentrieren Sie sich auf Ihr neues Selbstbild, nämlich das eines erfolgreichen ICHS. Lassen Sie die veränderte Situation in Ihrem Kopf wie einen Kinofilm ablaufen, in dem Sie der Held sind. Besuchen Sie so oft wie möglich Ihr neues »Kopfkino« und entspannen Sie sich dabei.

Was bedeutet Üben?

Üben Sie für diese Wendung, um auch wirklich eine bleibende Veränderung zu erreichen. Natürlich macht es auch hier nicht über Nacht »Fopp«: und alles ist anders. Sie müssen beharrlich an Ihrer Veränderung arbeiten.

Denken Sie daran:

- Sie haben die Macht, Veränderungen herbeizuführen.
- Ihr Selbstbild bestimmt den Schlüssel zu einem veränderten und positiveren Leben.
- Programmieren Sie sich mit positiven Gedanken auf Erfolg. Streichen Sie: Was passiert, wenn …?
- Stellen Sie sich Ihren Weg zum Erfolg bildlich vor.
- Entspannen Sie sich, und verwandeln Sie Stress in Erfolg.
- Setzen Sie sich Ihre eigenen Ziele.

Wie fange ich das an?

Nur wenn Ihr Bewusstsein sich von allen Sorgen, Ängsten, Grübeleien und Dramatisierungen befreit, ist Ihr Unterbewusstsein für eine Neuprogrammierung zugänglich. Deshalb: Entspannen Sie sich!

Was tun, wenn jemand meinen Alarmknopf drückt?

Kennen Sie die Situation? Sie wollen Ihr Pferd verladen, weil Sie aufs Turnier möchten. Plötzlich stehen immer mehr Mitglieder des Reitvereins um Sie herum. Schließlich ist Ihr Pferd bekannt dafür, dass es höchst selten auch wirklich einsteigt. Ihre Nerven liegen sowieso schon blank, da Ihr Pferd heute irgendwie anders ist als sonst. Einer der Reiterkollegen sagt hörbar zu seinem Gaffer-Nachbarn: »Die kann doch sowieso nicht reiten, was macht die sich überhaupt die Mühe?« Schrill! Alle Alarmglocken läuten und wenn Sie nicht einen bissigen Kommentar zurückgeben können,

dann sind Sie nun innerlich komplett aus dem Gleichgewicht. Ihr Verladen wird immer hektischer, Sie ärgern sich über Ihr Pferd und werden ungerecht. Dann sagt Ihr Pferd endgültig NEIN, steigt und stemmt die Hufe in den Sand. Die Gruppe der Kollegen löst sich auf und bei Ihnen bleibt das Gefühl zurück, mal wieder versagt zu haben. Auch dazu hat die Psychokybernetik ein Erfolgsrezept parat:

Der SEATS-Prozess:

Bestehend aus der **S**ituation, der **A**nalyse, den **E**motionen und dem **T**un sowie der **S**elbstachtung.

Um zu vermeiden, dass Sie in Stress geraten, wenn jemand Ihren Alarmknopf drückt, sollten Sie nun versuchen, das auslösende Ereignis umzuformulieren:

1. Betrachten Sie die Situation grundsätzlich wertfrei und denken Sie: »Das ist die Meinung meines Reiterkollegen und andere Meinungen soll man tolerieren«
2. Analysieren Sie: Wessen Schuld ist es? »Vielleicht hätte ich doch vorher mehr Verladen üben sollen?«
3. Passen Sie Ihre Emotionen dem Ergebnis Ihrer Analyse an. »Keine Sache, die man nicht ändern könnte.«
4. Werden Sie aktiv und ändern Sie die Situation! »Ab Morgen übe ich zusammen mit Monika verladen, ihr Pferd geht auch nicht in den Hänger.«
5. Die Selbstachtung wird folgen. »Ich kann meine Probleme reflektieren und konstruktiv lösen. So werde ich mich weiterentwickeln!« Ziel ist, sich das ängstliche Überreagieren abzugewöhnen. Haben Sie die Situation erst einmal objektiv betrachtet, schaffen Sie es, Enttäuschungen zu erleben, ohne dabei an Selbstzweifeln zugrunde zu gehen. Macht mir nix, das nächste Mal wird besser.

■ Es ist alles in Ihnen, denn: Es ist allein unser Selbstbild, das unsere Grenzen bestimmt.

Psychokybernetik auch für Pferde?

Ja! Im Prinzip machen wir nichts anderes mit einem am Hänger traumatisierten Pferd als Psychokybernetik: Wir löschen die alte Vorstellung über Hänger und den Transport darin und ersetzen sie durch positive Eindrücke. Wir loben das Pferd, es fühlt sich bei uns geborgen und hat keine Angst. Durch die angenehme Situation kann es sich voll auf die gestellten Aufgaben während des Verlade-Trainings konzentrieren.

4. EIN BLICK AUF DAS PFERD

Welchen Typ Pferd haben Sie?

Pferde sind im Charakter, in ihren Vorlieben und Abneigungen so vielfältig wie Menschen. Deshalb ist es meiner Meinung nach unmöglich, ein Patentrezept zum Verladen herauszugeben. Möglich ist es aber für die unterschiedlichen Typen auch unterschiedliche Verlade-Varianten zu entwickeln. Als gemeinsamen Nenner haben diese Varianten, dass sie gewaltfrei und ohne Druck auf die Hinterhand des Pferdes arbeiten. Voraussetzung für ein Gelingen ist, dass Sie a) die Vorarbeiten mit Ihrem Pferd durchgeführt und b) sich selbst typisiert haben. Danach sollten Sie nämlich Ihre ungünstigen Angewohnheiten, wie stehen bleiben, zögern und in die Augen des Pferdes sehen, abgelegt haben. Die nun folgenden Typisierungen sollen Ihnen dabei helfen, Ihr Pferd einzuordnen und das Verlade-Problem Ihres Pferdes einzugrenzen. Wenn ich nachfolgend menschliche Attribute zur Beschreibung von Pferdetypen verwendet habe, dann nur, damit sich jeder eine Vorstellung über das Gemeinte machen kann.

Der Besorgte: sein langer Hals und sein Trampeln mit einem Huf auf der Rampe kennzeichnen den besorgten Pferdetyp. Ab und zu geht er zwar in den Hänger und holt sich die (ungünstigerweise vom Halter) im Hänger angebotenen Happen. Wenn er sich unbeobachtet fühlt, steigt er also schon mal ganz in den Hänger ein, um dort genüsslich zu mampfen. Oftmals liegt beim Besorgten das Problem in der Beziehung zum Halter. Es sollte an der Beziehung Führer-Pferd gearbeitet werden. Kombiniert mit vormals schlechten Erfahrungen ist es nun an Ihnen, Ihrem Pferd das Transportieren wieder schmackhaft zu machen.

Der Ausweicher: Rechts vorbei, links vorbei nach hinten oder oben sind die beliebten Manöver des Ausweichers. Arbeiten Sie gezielt mit einem Druck-Halfter. Ihr Pferd muss lernen, wie es dem Druck entgehen kann. Zwingend nötig beim Hänger-Training mit dem Ausweicher ist, dass Sie vor der Rampe eine Gasse aus Strohballen aufbauen. Damit wird das seitliche Ausweichen unmöglich.

Der Mitläufer: Ein Pferd, welches viel Vertrauen zu seinem Halter hat, wird eher als Mitläufer (also neben dem Mensch) in den Hänger gehen. Achten Sie bei Ihrem Verlade-Training darauf, dass Sie diese Variante immer zuerst ausprobieren.

Der Ranholer: Im Gegensatz zu dem Mitläufer lässt sich der Ranholer gerne auch aus großer Entfernung mit der Longe heranbitten. Lassen Sie Ihr Pferd, wenn Sie es vor der Rampe haben, ruhig an der Rampe stehen und gehen Sie weiter in das Innere des Hängers. Von dort aus starten Sie dann die »Come-Along-Übung«. Tipps dazu erhalten Sie auf Seite 87.

Der Stolperer: Haben Sie endlich das erste Bein auf der Rampe und das zweite soll folgen, bricht Ihr Pferd wie bei einem Kollaps nach unten weg oder stolpert die Rampe hoch. Das sieht dann so aus, als wollte Ihr Pferd sagen:»Ich armes schwaches Pferd«. Es ist aber meist ein Anzeichen für mangelnde Balance, Koordination oder sogar lädierte Wirbel. Lassen Sie Ihr Pferd unbedingt eingehend von einem Tierarzt oder Osteotherapeuten untersuchen. Werden körperliche Schäden ausgeschlossen, dann arbeiten Sie intensiv an der Balance und Koordination durch gezielte Bodenarbeitsübungen. Sehen Sie Fortschritte, dann setzen Sie Ihr Training am Hänger fort.

Der Steiger: Sie gehen mit Ihrem Pferd auf den Hänger zu und plötzlich sehen Sie einen Schatten über sich? Ihr Pferd macht mal wieder »Männchen«. Ist Ihr Pferd in der Luft, müssen Sie zusehen, dass Sie nicht verletzt werden. Achten Sie darauf, dass sich Ihr Pferd nicht überschlägt. Überlegen Sie, warum Ihr Pferd steigen könnte. Hat es Schmerzen? Ist es, weil Sie es von seinen Artgenossen trennen? Hat es schlechte Erfahrungen gemacht? Arbeiten Sie mit zu viel Druck?

Die erste Lösung für das Problem »steigen vor dem Hänger« ist auf jeden Fall: Nachgeben! Und das so viel wie möglich. Da Pferde – wie bereits erwähnt – Energiesparer sind, werden Sie Ihr Pferd nach jedem Steigen (und nachdem Sie den Grund herausgefunden haben) emotionslos vier Schritte rückwärts richten. Nach drei Aktionen dieser Art sollte Ihr Pferd nun nicht mehr steigen, sondern wenigstens einen Schritt auf den Hänger zugehen. Dann ist für diesen Tag die Arbeit am Hänger beendet. Steigt Ihr Pferd weiter, sollten Sie nochmals in Betracht ziehen, dass Ihr Pferd Schmerzen hat oder Sie den auslösenden Grund noch nicht herausgefunden haben.

Der Furchtsame: Zitternde Beine und scheuen charakterisieren den Furchtsamen. Auch plötzliche Geräusche oder das Klonkern von Anbinde-Ketten im Hänger können diesen Typ Pferd in die Flucht schlagen. Bauen Sie erst Vertrauen auf (TEF-Training) und filtern Sie dann heraus, was Ihrem Pferd so entsetzlich erscheint.

Ist es nicht koordiniert genug rückwärts die Rampe herunter zu gehen? Hat es vormals schlechte Erfahrungen gemacht? Arbeiten Sie kontinuierlich mit Ihrem Pferd am Boden. Koordinations-Training und Monster-Training sollten immer wieder auf dem Programm stehen.

Der Lethargische: Aus ihm muss jeder Schritt herausgeleiert werden. Er ist ruhig und besonnen, nichts bringt ihn aus der Fasson. Im Gehen könnte man ihn beschlagen, so langsam und bedächtig geht er vorwärts. Er ist strikt auf seinen Energiehaushalt bedacht und macht keine unnötigen Aktionen. Dieses Pferd können Sie mit seinen eigenen Waffen ködern: Ein Schritt in die richtige Richtung bedeutet immer einen Augenblick ausruhen. Fordern Sie dann den nächsten Schritt. Kommt er nicht prompt, muss Ihr Energiesparer im Kreis gehen oder fünf Schritte rückwärts treten. Nach kurzer Zeit wird er erkennen, dass es wirklich kräfteschonender ist, wenn er in die richtige Richtung geht.

Der Aggressive: Gewarnt und abgespeichert durch vormals schlechte Erfahrungen am Hänger kann ein Pferd aggressives Verhalten zeigen und ist von einem ängstlichen Reiter oder Pferdehalter nur schwer trainierbar. Überlassen Sie also das Verlade-Training in einem solchen Fall besser einem Pferde-Trainer. Ich selbst habe sehr wenige wirklich aggressive Pferde trainiert, aber schon viele, die Ihren Besitzern bereits als aggressiv vorkamen! Wirklich aggressive Pferde sind in ihrem gesamten Handling schwierig. Sie beißen beim Führen und schlagen nach Menschen gezielt aus. Viel Zeit, Konsequenz, Geduld, ein hohes Maß an Sicherheit und wenig Druck können weiterhelfen.

Der Festbetonierte: Munter geht's mit den Vorderbeinen bis auf die Rampe, doch dann kein Schritt mehr. Wie festbetoniert steht Ihr Pferd auf der Rampe, der Kopf hängt nach unten. Keine Sorge, die Basis ist schon mal nicht schlecht. Bei diesem Pferdetyp sollten Sie so agieren, dass es Ihrem Pferd auf der Rampe ungemütlich wird. Sie gehen nun im Hänger hin und her, von rechts nach links mit

■ Der Fest-
betonierte. Kein
Schritt weiter ...

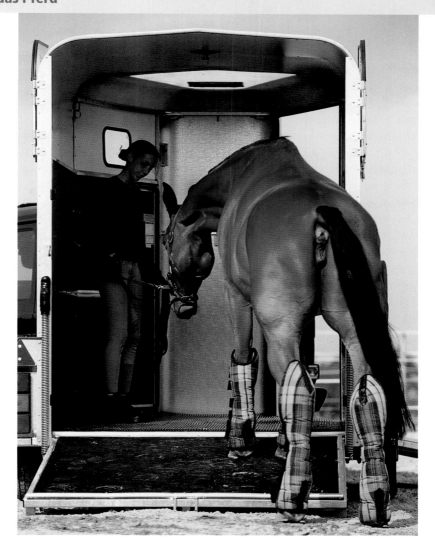

gleichzeitigem Annehmen und Nachgeben an der Longe. Aber Achtung: Das ist eine Gratwanderung. Es darf nicht soweit gehen, dass Ihr Pferd nach hinten ausweicht und plötzlich nicht einmal mehr auf die Rampe geht. Üben Sie im Vorfeld intensiv mit dem Druckhalfter. Zum Teil wird das Stehenbleiben auch vom Pferdeführer ausgelöst. Sie könnten der »Abstopper« sein.

Der Seiteneinsteiger: Trotz diverser Tricks, steigt Ihr Pferd immer seitlich ein? Geht es soweit, dass es sogar nur von einer bestimm-

ten Seite einsteigt? Selbst wenn Sie versuchen, es noch so gerade auf den Hänger zuzuführen, schafft es Ihr Liebling immer, von der Seite auf die Rampe zu springen. Klären Sie in einem solchen Fall dringend ab, ob Ihr Pferd auf einem Auge blind ist oder eine Wirbel-Läsion hat, die es ihm unmöglich macht, frontal einzusteigen. Haben Pferde einmal die für sie angenehmste Variante heraus, ist es schwer ihnen dies wieder abzugewöhnen. Das ist nicht dramatisch, so lange Ihr Pferd auch bis in das Hängerinnere geht. Einige Vierbeine bleiben jedoch auf der Rampe stehen und gehen nicht mehr weiter. Nachdem Sie die medizinische Seite abgeklärt haben, sollten Sie unbedingt mit der Strohballen-Gasse vor dem Hänger trainieren. Arbeiten Sie zudem regelmäßig am Boden. Wählen Sie Übungen aus, bei denen sich der Pferderücken aufwölben muss.

Der Gesellige: Lautes Wiehern, zappeln beim Wegführen von Artgenossen und trampeln im Hänger sind die Anzeichen für den Geselligen. Ein Pferd, das eine enge Bindung an die Herde oder an einen bestimmten Stallkollegen geknüpft hat, wird sich ohne weitere Vorbereitung nicht so einfach verladen lassen. Seine Konzentration beim Verlade-Training lässt sicherlich zu wünschen übrig, da er nur zu gerne laut nach seinen Gefährten trompetet. In diesem Fall müssen Sie wieder an Ihrer Führer-Rolle arbeiten. Üben Sie mindestens 3 x in der Woche, mit dem Pferd alleine spazieren zu gehen oder auszureiten. Gestalten Sie den Ausflug so angenehm wie möglich. Steigern Sie Zeit und Entfernung vom Stall langsam.
Liegt ein Nottransport vor, transportieren Sie das Pferd am besten mit einem Stallgefährten.

Der Sture: Kleiner Test, denn den sturen Pferdetypen gibt es ja gar nicht! Begründung auf diversen Seiten in diesem Buch.

Ist das Pferd gesund?

Untersuchung durch den Osteotherapeuten

Das heutige Sport- oder Freizeitpferd ist den verschiedensten Anforderungen und Belastungen ausgesetzt. Wie beim Menschen kann es deshalb auch beim Pferd zu Stürzen, Verletzungen und daraus resultierenden Schonhaltungen und Verspannungen kommen. In den letzten Jahren setzt man in der Therapie vermehrt Osteotherapeuten ein. Im Team mit Tierarzt, Schmied, Sattler und Reiter haben sie im Hochleistungssport längst einen festen Platz eingenommen.
Ich habe mehrfach erlebt, wie verladeunwillige Pferde durch die Behandlung eines Osteotherapeuten wieder verladesicher wurden. Die Pferde hatten Gelenkblockaden im Genick, die es ihnen schier unmöglich machten oder nur unter Schmerzen erlaubten, auf den Hänger zu steigen.
Unter Pferdeosteopathie versteht man eine ganzheitliche Heilmethode. Der Name setzt sich zusammen aus den griechischen Wörtern Osteon (Knochen) und Pathos (Leiden). Bei dieser ganzheitlichen, sanften und rein manuellen Heilmethode verzichtet man vollkommen auf die Eingabe von Medikamenten. Das osteotherapeutische Prinzip besteht in der Behebung von Störungen der Körpermechanik, vorwiegend durch manuelle Techniken. Therapeutisches Ziel ist dabei die Wiederherstellung des gestörten Gleichgewichts und die Stimulation der Selbstheilungskräfte des Körpers. Die osteotherapeutische Behandlung wurde vom amerikanischen Humanmediziner Dr. Andrew T. Still (1828–1917) entwickelt und hat sich bei der Behandlung von Menschen längst etabliert. Erst in den 70er Jahren wurde die osteotherapeutische Behandlung auf Pferde übertragen – dann aber mit großem Erfolg und wachsendem Interesse. Die Osteotherapie beinhaltet die gezielte Untersuchung von Bewegungseinschränkungen, die durch die Funktionsstörungen einer Körperstruktur entstehen, sich aber auch in anderen Körperbereichen äußern können. Verursacht wird dieses Phänomen durch vielfältige Kompensationsmechanismen

des Körpers (z. B. Schiefhaltung). Funktion und Aufgaben des eingeschränkten Körperteils werden von anderen Körperbereichen übernommen, um die Bewegungseinschränkung weitestgehend auszugleichen. Zu einem bestimmten Zeitpunkt sind jedoch diese Kompensationsmechanismen erschöpft, und eine kleine Funktionsstörung kann sich zu einem krankmachenden Prozess entwickeln. Bei-

spielsweise kann eine Störung im Bereich des siebten Halswirbels ein Problem an der Fußwurzel hervorrufen. Die osteotherapeutische Behandlung beruht auf den folgenden von A. T. Still entwickelten Grundsätzen:

1. Wechselbeziehung Struktur-Funktion: Strukturelle Störungen ziehen Funktionsstörungen nach sich. Da die verschiedenen Strukturen des Körpers (knöcherne,

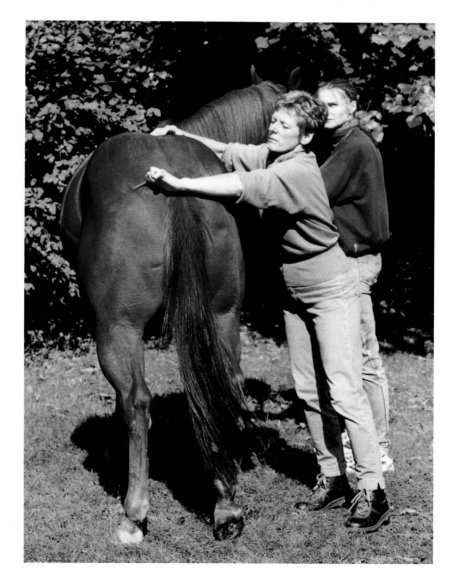

■ Osteotherapeutische Behandlung eines Pferdes mit Rückenproblemen.

muskuläre und die inneren Organe betreffende) miteinander interagieren, können sich Störungen der einen Struktur auf eine andere auswirken.

2. Arterielle Regel: Eine Störung der Versorgung mit Flüssigkeit (Blut, Lymphe, Liquor) wirkt sich negativ auf die Funktion des unterversorgten Organs aus.

3. Gesamtheit des Körpers: Defekte in einem bestimmten Bereich des Körpers können sich auf den Gesamtorganismus auswirken.

4. Fähigkeit zur Selbstheilung: Ziel des Therapeuten ist es, durch gezielte Stimulation die vorhandenen Blockaden zu lösen und die Selbstheilungskräfte des Körpers zu aktivieren, um ihn auf die Dauer zu stärken.

Grundlage der osteotherapeutischen Behandlung ist der Mobilitätstest, der die Beweglichkeit der Gelenke und des Gewebes feststellt. Der Befund entscheidet, welche Behandlungsmethoden anzuwenden sind. Im einzelnen können dies Manipulations-, Reflex- oder funktionelle Techniken sein. Da es erst einige Zeit nach der Behandlung zur vollen Entfaltung der Selbstheilung kommt, sollte das Pferd Gelegenheit erhalten, sich noch zwei Tage nach der Behandlung zu erholen. Um etwa eine Gelenkblockade leichter lösen zu können, ist es oft sinnvoll, die Blockade vorab energetisch zu behandeln. Eine energetische Zusatzbehandlung nach einer osteotherapeutischen Behandlung hilft in jedem Fall, das Behandlungsergebnis zu festigen und einen länger andauernden Therapieerfolg zu sichern.

Ziel beider Therapien ist es, die Selbstheilungskräfte des Körpers zu reaktivieren und eine Harmonisierung innerhalb des Organismus herbeizuführen, um das Pferd auf lange Sicht gesund und leistungsfähig

zu halten. Da das Funktionieren des ganzen Körpers nach Still von der Funktion seiner Teilstrukturen abhängt, verweist eine osteotherapeutische Verletzung (Läsion) gekennzeichnet durch den Mobilitätsverlust einer knöchernen Struktur, auf mögliche Dysfunktionen anderer Bereiche des Körpers. Hier kann der Osteotherapeut therapeutisch eingreifen. Orthopädische Befunde wie z. B. Verrenkungen fallen nicht in sein Gebiet. Eine osteotherapeutische Behandlung Ihres Pferdes sollten Sie in Betracht ziehen, wenn:

■ sie eine Steifheit, Lahmheit oder eine allgemein schlechte Körperhaltung beobachten (auch schief gehaltener Schweif) und das Pferd weniger leistet.

■ es Schmerzen zeigt.

■ es sich vehement gegen Reiterhilfen wehrt.

■ es ständig Hindernisse verweigert.

■ es beim Schmied schlecht die Hufe gibt.

■ Sie Komplikationen nach dem Abfohlen vorbeugen wollen.

■ Sie Komplikationen nach Stürzen und/oder Verletzungen vorbeugen wollen.

■ sich Ihr Pferd nach wiederholtem Training nicht verladen lässt.

Einsatz der Osteopathie bei Verladeproblemen

Die Erfahrung zeigt, dass körperliche Probleme des Pferdes durchaus zu Schwierigkeiten beim Verladen oder bei seinem Transport führen. Hat das Pferd zum Beispiel Probleme, die eine harmonische Schwingbewegung in Richtung Aufwölbung und Streckung der Wirbelsäule einschränken, so fällt es dem Pferd unter Umständen schwer, locker und schwungvoll auf den Anhänger zu gehen. Pferde, die nicht in der Lage sind, ihren Rücken aktiv aufzuwölben, da sie einen oder auch mehrere Wirbel in einer Extensionsstellung blockiert haben, können recht schmerzhafte Reaktionen zeigen, wenn sie die Anhängerrampe hoch gehen sollen. Bewegungsein-schränkungen der Wirbelsäule können auch zu Gleichgewichtsproblemen führen.

Fallbeispiel aus der Praxis

Der Osteotherapeut Karsten Gemmeker er-läutert einige Beispiele aus seiner Praxis:
»Ich habe vor einiger Zeit einen 15-jährigen Hannoveraner Wallach behandelt, der beim Anhängerfahren schon auf gerader Strecke regelmäßig im Hänger stürzte. Dies auch schon bei geringen Geschwindigkeiten und extrem vorsichtiger Fahrweise. Die Besitze-rin des Pferdes entschied sich für eine osteo-therapeutische Behandlung, da sie auch mit der Rittigkeit des Pferdes einige Probleme hatte. Das Pferd zeigte beim Reiten allgemeine Steifheit, Takt-Unreinheiten in der Hinterhand und es hatte Schwierigkeiten beim Biegen auf der linken Hand. Bei der osteotherapeutischen Behandlung wurden unter anderem mehrere Blockaden in der Brustwirbelsäule, eine Blo-ckade des Lendenwirbels und eine Bewe-gungseinschränkung des linken Kreuzdarm-beingelenks gefunden und mobilisiert. Die Rittigkeit des Pferdes verbesserte sich nach der Behandlung erheblich und auch das Trans-portproblem war behoben. Das Pferd steht jetzt ruhig und entspannt auf dem Anhänger. Die Besitzerin hat ihr Pferd auf den ersten, vorsichtig durchgeführten Transportversuchen im Anhänger begleitet, um seine Reaktion zu sehen. Die vorhandenen Blockaden können dazu geführt haben, dass bei Erschütterung Nervenwurzeln komprimiert wurden. Da-durch wurde eine Koordination einzelner Muskelgruppen – die für die Stabilisierung des Standes notwendig sind – gestört. Zusätz-lich können solche Blockaden bei Erschütte-rung auch heftigen Schmerz auslösen. So ist es nicht verwunderlich, dass Pferde mit sol-chen Problemen nicht mehr auf den Anhän-ger gehen wollen.

Andere Probleme aus osteotherapeutischer Sicht können durch Stürze beim Verladen oder durch einen Sturz während des Fah-rens entstehen. Ich habe vor einiger Zeit einen Reitpony-Wallach behandelt, der beim Ausladen in Panik geriet, rückwärts von der Anhängerklappe stürzte und sich dabei über-schlug. Der Grund für den Unfall war Un-achtsamkeit des Pferdebesitzers beim Aus-laden, denn er hatte vergessen das Pferd vorne loszubinden, bevor hinten die Stange geöffnet wurde. Folge dieses Unfalls war, dass sich das Pferd auf der rechten Hand extrem schlecht stellen und biegen ließ so-wie unklare Lahmheiten auf allen vier Beinen zeigte. Die gesamte Rückenpartie war extrem druckempfindlich. Tierärztlich war jedoch kein bedeutsamer klinischer Befund vorhanden, der die Probleme des Ponys erklären konn-te. Das Verladen war nach diesem Unfall ein Problem. Das Pony ging nur mit Widerwillen auf den Anhänger. In der osteotherapeuti-schen Behandlung zeigten sich auch hier stär-kere Bewegungseinschränkungen an der Wir-belsäule. Die blockierten Wirbel waren alle in eine Richtung hin bewegungseingeschränkt. Ein typischer Befund nach einem Sturz. Vier Wochen nach der osteotherapeutischen Be-handlung waren die Probleme des Ponys verschwunden und auch das Verladen stellte keine großen Schwierigkeiten mehr dar, da das Pony wieder schmerzfrei war.
Die Klarheit, ob ein Verladeproblem oder Transportschwierigkeiten auf körperlichen oder anderen Ursachen beruhen, kann immer nur eine umfassende osteotherapeutische Untersuchung und Behandlung ergeben. Ich denke aber, dass vielen Pferden Unrecht getan wird, wenn man sie als »stur« bezeich-net und einfach auf den Hänger zwingt. In vielen Fällen steckt vielleicht doch ein kör-perliches Problem – und sei es in unseren Augen ein noch so kleines – dahinter.«

Hilfe durch Bachblüten

Heile die Seele, nicht die Krankheit!
Nach diesem Motto arbeitete der 1886 in England geborene Arzt Edward Bach. Er entwickelte 1928 durch verschiedene Versuche eine spezielle Aufbereitung von Pflanzen. Zusammen mit seiner Assistentin Nora Weeks erfolgte die Entdeckung und Zubereitung der ersten neun Blütenmittel. Schon damals beschreibt Bach in seiner Abhandlung »Heile Dich selbst«, wie man die Anwendung von Bachblüten verstehen soll: Es kam Ihm nicht darauf an, eine Medizin zu erfinden, die Krankheiten attackieren sollte. Vielmehr haben seiner Meinung nach Krankheiten eine einzig und allein korrigierende Funktion und sind Warnzeichen der Seele, die auf Fehler aufmerksam machen sollen. Die Wirkung seiner Blüten sollen den Körper in eine Art positive Schwingung versetzen. Durch diesen Zustand angeregt, sollen Krankheiten und negative Gefühle hinausbegleitet werden, was letztendlich zur Heilung führt. In seinen letzten Lebensjahren fand Bach noch 38 weitere Blütenessenzen, denen er bestimmte heilende Kräfte zusagte. Bach starb 1936.
Er hinterlässt begeistere Schüler in aller Welt, die sein Werk bis heute fortführen. Ute Meyerdirks-Wüthrich, Apothekerin und Expertin im Bereich der Bach-Blütentherapie hat zu der Behandlung mit Bachblüten ein Buch geschrieben. Bereits in Ihrem Vorwort über Grenzen und Möglichkeiten wird an den Interessierten appelliert, dass ein Heilungserfolg nur erwartet werden kann, wenn die Grundbedürfnisse des Pferdes erfüllt werden!

Die Anwendung
Wer Bachblüten als unterstützendes Mittel anwenden möchte, sollte sich in einer Praxis für Bach-Blütentherapie beraten lassen. Dort wird man Ihnen die individuell passende Mischung und Dosierung für Ihr Pferd nennen. Nicht selten wird der Besitzer gleich mitbehandelt. Gänzlich aussichtslos ist es, einem verhaltensgestörten Pferd Unmengen von Bachblüten zu verabreichen, es aber gleichzeitig in der krankmachenden Haltung (z. B. 23 Stunden Boxenhaft) zu belassen. Bei einigen Pferden habe ich die so genannten Rescue Notfall-Tropfen angewandt. Die Pferde waren meist verletzt und bekannt dafür, dass Sie sich nicht oder nur sehr schwer verladen ließen. Ein vorbereitendes Training war also nicht mehr möglich. Je nach Körpergewicht dosierte ich ein paar Tropfen auf ein trockenes Stück Brot und wartete 10–15 Minuten. In allen Fällen verlud ich die Pferde problemlos in den Anhänger.

Einige Blüten-Beispiele:
■ Rock-Rose, Aspen und Cherry Plum – Angst
■ Mimulus – Lärmempfindlichkeit
■ Impatiens – Nervosität
■ Vervain – Temperament
■ Cherry Plum – Verkrampfungen
■ Rescue Tropfen – Schock

5. VERLADE-TRAINING MIT DEM PFERD

Man bekommt eine ganze Portion Jahre auf den Buckel, bis man absolute Selbstbeherrschung dem Pferde gegenüber gelernt hat.
In der Pferdebehandlung, in der Art und Weise wie mit dem Mitgeschöpf umgegangen wird – und welches Interesse das Publikum daran nimmt – zeigt sich die Kulturstufe eines Volkes.

Paul Buhle, 1923

Aus meiner Verlade-Praxis

Bevor ich Ihnen die unterschiedlichen Verlade-Techniken im Einzelnen erläutere, beschreibe ich Ihnen wie mein Verlade-Training meistens abläuft. Zu wirklich »verlade-sauren« Pferden nehme ich für die erste Trainingseinheit meinen Hänger mit Frontausstieg mit. Selbstverständlich gehe ich davon aus, dass das Pferd gesund und ggf. von Tierarzt und Osteotherapeut untersucht ist.

Zuerst suchen wir einen geeigneten Platz, dann wird der Hänger auf Sicherheit und Standfestigkeit gecheckt. Strohballen halte ich bereit, stelle sie aber erst auf, wenn konkreter Bedarf besteht. Das Pferd trägt ein Druckhalfter mit Kopfschutz und an den Beinen Gamaschen. Ich führe es an der Longe und drehe zum Aufwärmen einige Runden auf dem Übungsplatz, dabei wechsle ich mindestens zweimal die Hand.

Die Führposition ist Pferdenase auf Höhe der Menschen-Schulter. Schon während des Führens kann ich sehen, wie kooperativ das Pferd ist. Will es mich überholen oder trödelt es hinterher? Rempelt es mich an oder zieht es mich zu den Grashalmen am Rande? Spätestens dann ist es für mich Zeit, dass ich sage, wo es lang geht. Ich bestimme Tempo und Richtung. Um das zu trainieren bleibe ich stehen und erwarte, dass mein Pferd auch stehen bleibt. In den meisten Fällen geht es dann weiter.

Das erste Mal lasse ich das Pferd sich bis zu drei Meter von mir entfernen und rolle die Longe entsprechend ab. Dann halte ich gegen und gebe Druck auf die Longe. Danach richte ich es drei Schritte rückwärts und lobe es durch Reiben an Kopf oder Hals, wenn es neben mir steht. Dann gehe ich wieder los und halte nach ein paar Schritten erneut an. Sollte das Pferd immer noch nicht auf der gewünschten Position anhalten, gebe ich nun bereits Druck auf die Longe, wenn das Pferd zwei Meter von mir entfernt ist. Wieder richte ich es zwei bis drei Schritte rückwärts und lobe es danach. Während der ganzen Zeit spreche ich nur beim Loben mit dem Pferd, denn es soll sich jetzt bereits auf meine Körpersprache konzentrieren. Beim dritten Versuch gehe ich wieder los und bleibe nach beliebiger Schrittfolge stehen. Viele Pferde haben jetzt bereits gelernt, dass es angenehmer ist, auf gleicher Höhe anzuhalten. Geschieht dies, lobe ich das Pferd und richte es nicht mehr rückwärts. Diese Übung erzieht das Pferd nicht nur zur »Höflichkeit« mir gegenüber, sondern lehrt es gleichzeitig, wie es sich vom Druck des Druckhalfters befreien kann. Eine Grundvoraussetzung, um mit ihm erfolgreich am Hänger zu agieren. Dazu gehört jedoch, im richtigen Moment den Druck nachzulassen, also immer dann, wenn es in die gewünschte Richtung geht.

■ Ist wieder
Stopp ange-
sagt ...

... versuchen
Sie es mit der
»freien Varian-
te«. Gehen Sie
in den Hänger
und zupfen Sie
das Pferd he-
rein. Richten
Sie Ihren Blick
auf die Pferde-
hufe!

Und es klappt!

Führkette

Eine Führkette halte ich für ungeeignet, um am Hänger zu trainieren. Sie ist in ihrer Wirkung so hart und steif, dass ein gezieltes Nachgeben nicht möglich ist. Pferdehalter, die sich einbilden, nur mit Führkette oder Steigergebiss ihr Pferd führen zu können, sollten sich lieber an einen erfahrenen Profi wenden.

Habe ich den Eindruck das Pferd ist koordiniert, beginne ich mit dem Umrunden des Hängers, auf beiden Händen beliebig oft. Geht das Pferd gelassen neben mir her (es trägt den Hals waagerecht), schlagen wir die Richtung zur Rampe ein.

Ich gehe gerade auf den Hänger zu und fixiere dabei einen Punkt im Hängerinneren. Geht mein Pferd mit, gehen wir bei einem Hänger mit Frontausstieg vorne wieder raus und ich lobe es ausgiebig. Ist es ein normaler Hänger, drehe ich mich um und gebe die Hilfen zum Rückwärtsgehen.

Geht das Pferd nicht mit und bleibt an der Rampe stehen, richte ich es ruhig rückwärts. Geht das Pferd nun immer noch nicht mit, sondern bleibt weiter vor der Rampe stehen, versuche ich es anders: Entweder trainiere ich dem Pferd das »Come-Along« (s. Seite 87) an oder verlade es mit Hilfe der Vorwärts-Rückwärts-Methode (s. Seite 85). Gehen wir in unserem Modell-Fall davon aus, dass es auch jetzt immer noch nicht einsteigt. Also versuche ich es mit Hilfe der »Freien-Variante« (s. Seite 89), in den Hänger zu zupfen. Nach einem erneuten Anlauf in Richtung Rampe bleibt unser Pferd wieder stehen, während ich in das Innere des Hängers weitergehe und die Longe entsprechend

verlängere. Nun drehe ich mich um und beobachte die Hufe des Pferdes ganz genau. Mein Blick ist dabei also niemals in die Augen des Pferdes gerichtet. Die Longe hängt leicht durch und ist ohne Druck. Ich lasse dem Pferd kurz Zeit, sich auf die Situation einzustellen. Die Forderungen sind klar: es soll den Hänger betreten. Das Pferd wiederum hat unter Umständen schlechte Erinnerungen abgespeichert und weigert sich aus diesem Grund. Ein schlimmer Zwiespalt für unseren Vierbeiner, da er ja bereits bei der Aufwärmrunde gelernt hat, dass es viel angenehmer ist, in meiner Nähe zu sein. Sollte es den Kopf abwenden, richte ich durch leichtes Ziehen den Kopf wieder in Richtung Hänger. Nun gebe ich etwas Druck auf die Longe, gebe wieder nach und warte auf die erste Reaktion des Pferdes. Senkt es den Kopf, gebe ich Longe nach, so dass kein Druck darauf ist. In den meisten Fällen wird es den Kopf nach oben nehmen, auch dann gebe ich nach. Zieht es zurück, halte ich gegen. Kommt der Kopf wieder nach vorne, gebe ich nach. Alle Reaktionen in Richtung Hänger sind erwünscht und werden mit sofortigem Drucknachlassen belohnt. Dann zupfe ich wieder ein wenig, lasse leichten Druck auf der Longe und warten ab. Hebt sich ein Bein, lasse ich sofort Druck nach. Geht das Bein auch noch auf die Rampe, lobe ich ausgiebig mit der Stimme. Zu einigen Pferden kann man langsam hingehen und durch reiben an Kopf oder Hals zusätzlich loben. Bei anderen empfiehlt es sich, auf dieser Position stehen zu bleiben, und nur mit der Stimme zu loben. Senkt sich das Bein wieder auf den Boden, geben wir etwas stärkeren Druck auf die Longe. Bald merkt das Pferd, dass es sich auch hier am Hänger einen Vorteil verschaffen kann, wenn es nach vorne geht. Meine Reaktion muss jedoch so gezielt sein, dass ich schnell den Druck nachlasse, wenn das

Pferd sich mit Kopf oder Bein in Richtung Hänger bewegt. So kann ich Bein für Bein abfordern. Bei sehr schwierigen Pferden lasse ich den Druck bereits nach, wenn ich sehe, dass sich die Muskeln im Pferdebein bewegen. Vor dem ersten Schritt prüfen einige Pferde die Rampe, durch Trampeln mit einem Bein. Meine Erfahrung ist, dass dies der erste Schritt in die richtige Richtung ist, deshalb lasse ich es ca. zwei- bis dreimal zu, bevor ich die Longe etwas straffe. Natürlich ist jedes Pferd anders und bedarf einer individuellen Behandlung. Mit dieser Schilderung möchte ich Ihnen einfach einen Überblick geben, wie Sie am Hänger arbeiten können. Mit der Zeit werden Sie ein Gespür dafür bekommen, wann Sie wie viel Druck geben oder nachlassen müssen. Scheuen Sie sich nicht, Ihre ersten Trainingseinheiten als Versuche anzusehen. Mit der Zeit werden Sie jedoch sicher die ersten Erfolge verzeichnen können. Gehen wir zurück zu unserem Modell-Pferd an der Rampe: Stehen beide Vorderbeine auf der Rampe, kommt meist die Stunde des Festbetonierten. Mit halb gesenktem Kopf, die Hufe fest in den Boden gestemmt, könnte so Stunde um Stunde vergehen. Also muss ich ihm diese Position unangenehm machen. Nun beginne ich, im Hänger mit leichten Schritten erst langsam, dann zügig von rechts nach links zu gehen. Immer, wenn ich an der entsprechenden Hängerwand ankomme, gebe ich Druck auf die Longe. Dabei sorge ich dafür, dass mein Pferd mir mit dem Kopf folgt. (Schwierig ist das Rechts-links-Gehen, wenn man bereits mit eingehakter Trennwand arbeitet und evtl. auch noch einen Hänger mit eingebauter Krippe hat, da der Platz sehr knapp ist.) Bald wird eine Reaktion meines Pferdes folgen. Passiert nichts, clippe ich z. B. die Longe auf der anderen Seite des Druckhalfters oder an der Festbinde-Öse ein. Zudem zupfe ich an der Longe mal in schnelle-

ren und mal in langsamen Impulsen. Dabei beobachte ich das Pferd und achte, auf was es am meisten reagiert. Hier gilt meine Aufmerksamkeit den Hinterbeinen. Wird ein Hinterbein leicht entlastet, bleibe ich sofort stehen. Nun gibt es zwei Möglichkeiten: Entweder das Pferd kommt mit einem Satz oder einer flüssigen Bewegung in den Hänger. Hierbei gehe ich an eine Wand gedrückt bis tief in den Hänger, um das Pferd nicht mit meinem Körper abzublocken. Sofort lobe ich das Pferd ausgiebig, wenn es mit allen vier Beinen im Hänger steht. Steigt das Pferd im Hänger gebe ich nach und richte es rückwärts.

Nachgeben scheint für viele sehr schwer zu sein (was besonders auch beim Reiten zu beobachten ist). Aber dafür trainieren wir extra mit einer Longe und nicht mit einem Führstrick. Geht es nicht in den Hänger, sondern bleibt an der nächsten Klippe stehen, sind die Vorderbeine im Hänger und die Hinterbeine auf der Rampe. Nun kommt es vor, dass das Pferd je nach Hängerbauart mit dem Kopf gegen die Decke stößt oder an die hochgerollte obere Abdeckung. Ich versuche dann durch Zupfen, den Kopf des Pferdes nach unten zu bringen. Dies hat den Effekt, dass das Pferd ruhiger wird (Kopf senken) und sich gleichzeitig in eine Position begibt, von der aus es leichter die weiteren Schritte in den Hänger unternehmen kann. In dieser Phase muss ich besonders vorsichtig mit Druck arbeiten, denn bei zuviel Druck schnellt der Kopf des Pferdes in die Höhe. Ein Kontakt mit der Decke könnte ein Steigen provozieren. In diesem Fall würde ich die Longe nachgeben und das Pferd rückwärts richten bis zurück vor die Rampe. Viele schreien jetzt sicherlich auf und denken »wenn man ihn doch schon mal soweit hat …« Irrtum. In dieser Situation ist es einfacher, die Übung noch einmal von vorne aufzubauen und sich wieder bis zu dem Punkt vorzuarbeiten, an dem man war und mit entsprechend gefühlvollem Annehmen und Nachgeben, die nächsten Schritte zu fordern. Steht das Pferd also wieder mit den Vorderbeinen im Hänger und mit den Hinterbeinen auf der Rampe, kann das Überzeugen weitergehen. Ist das Pferd in dieser Stellung wieder festbetoniert, agiere ich, wie oben bereits beschrieben. Mit Rechts-links-Gehen fordere ich die weiteren Schritte. Kommt das Pferd in den Hänger, lobe ich es und richte es rückwärts. Vorsichtig und langsam dirigiere ich es die Rampe hinunter. Bei meinem Hänger mit Frontausstieg gehe ich mit dem Pferd nach vorne durch und verlasse den Hänger über den Frontausstieg. Für diesen Tag wäre das Training beendet. Wie langwierig werden Sie sich nun vielleicht denken, aber: es zahlt sich für alle Pferde aus, ein geduldiges Training durchzuführen. Nicht jedes Pferd verträgt so viel Druck, wie bei der Vorwärts-Rückwärts-Variante. Für dieses Pferd ist es besser, wenn man es langsam an das Thema Verladen heranführt. Aus Erfahrung kann ich sagen, dass sich diese Pferde im Laufe des Trainings steigern und später die verladesicheren Pferde sind. Jetzt investierte Zeit zahlt sich wieder hundertfach aus.

Warum keinen Druck auf die Hinterhand des Pferdes?

Wie Sie bemerkt haben, werden einige Sachverhalte anders vorgeschlagen, als üblich praktiziert. Es wird in keiner Übung Druck auf die Hinterhand des Pferdes ausgeübt, es sind keine Gerten zu sehen oder sonstige Hilfsmittel, mit denen man das Pferd von hinten treiben könnte.
Dass man Pferde mit dieser Methode verladen kann, erlebe ich jeden Tag bei meiner Arbeit. Sie sind so weitaus kooperativer und lernen schneller. Das Training läuft wesent-

lich ruhiger ab, weil alle Beteiligten nicht den Zwang im Kopf haben »da muss er jetzt rein«, sondern den Weg als Ziel ansehen. Druck auf die Hinterhand auszuüben ist beim Verladen absolut kontraproduktiv. Das Pferd orientiert sich mit all seinen Sinnen nach hinten, anstatt nach vorne, wo es ja hin soll. Übt man Druck auf Pferde aus, werden Sie diesen immer mit Gegendruck beantworten.
Ein Beispiel: Versuchen Sie, Ihr angebundenes Pferd beim Putzen zu drehen und drücken Sie die Handfläche gegen seine Hinterhand, dann wird es sich dagegenstemmen. Ebenso verhält es sich mit dem Druck, den man beim Verladen auf die Hinterhand ausübt. Seien es Longen, die sich zuziehen oder eine Gerte, die touchiert (von Ausnahmen, in denen Pferde darauf trainiert sind, abgesehen). Das Pferd wird sich gegen den Druck wehren – so erzieht man sein Pferd eher zum Rückwärts als zum Vorwärts. Wie bereits in einem Abschnitt beschrieben, kann man bei Pferden, die mit Druck auf die Hinterhand verladen wurden, beobachten, dass die Ohren vor der Rampe nach hinten gedreht werden, weil sie von dort Druck oder Schläge erwarten. Entscheidend ist also: Druckaufbau geschieht von vorn.

Dadurch, dass ich Druck von vorn aufbaue, habe ich die gesamte Aufmerksamkeit meines Pferdes. Und das, in die Richtung, in die ich es haben möchte: nach vorn in den Hänger. In dem vorbereitenden Training hat Ihr Pferd bereits gelernt, wie es sich von dem Druck des Druckhalfters befreien kann. Nun können Sie z. B. mit der Vorwärts-rückwärts-Variante Druck aufbauen, dem Ihr Pferd ausweichen kann. Die Lösung liegt in der Vorwärtsbewegung. Ein Schritt in die richtige Richtung wird sofort mit Druck nachlassen belohnt.
Mein Wunschtraum: Alle, die mit Gerten und Longen hantieren, sollten es einmal versuchen.

Falsch oder ungünstig

Die verbreitetsten Fehlansichten über das Verladen zusammengefasst

Wenn man am Hänger trainiert, darf man erst abbrechen, wenn das Pferd drin war.
Falsch: Das ist wohl das am meisten verbreitete Gerücht. In vielen Fällen konnte ich beweisen, dass dies nicht stimmt. Ein Pferd kann sich auf eine schwierige Aufgabe höchstens 20 Minuten konzentrieren. Sinnvoll durchgeführtes Verlade-Training und Abbruch nach einer geglückten Übung lässt Sie am nächsten Tag dort fortfahren, wo Sie gestoppt haben. Dadurch erreichen Sie schneller Ihr Ziel, und es ist für Zwei- und Vierbeiner nicht so nervenaufreibend wie ein mehrstündiges Zermartern am Hänger.

Ein Pferd ist stur, wenn es nicht in den Hänger geht. (»Der will mich nur veräppeln.«)
Falsch: Ein Pferd handelt nicht wie ein Mensch, und wir sollten es vermeiden, es zu vermenschlichen und mit menschlichen Attributen zu belegen. Geht ein Pferd nicht in den Hänger will es uns signalisieren: »Ich kann das Abgefragte nicht leisten weil …« Nun ist es an uns herauszufinden, was der Grund für die Reaktion des Pferdes ist.

Ich streue den Hänger mit Stroh aus, damit mein Pferd es schön hat auf der Fahrt.
Falsch: Wer den Hänger einstreut tut seinem Pferd keinen Gefallen, sondern schadet ihm. Staubige Luft ist Verursacher Nummer eins für das gefürchtete Shipping Fever. Nach jeder Fahrt sollte der Hänger von Kot und sonstigen Verunreinigungen gesäubert werden.

Ich locke mein Pferd mit Futter in den Hänger.
Falsch: Ist das Pferd darauf trainiert, nur mit Futter in den Hänger zu gehen und nicht weil es Ihnen vertraut, werden Sie spätestens bei der Fahrt in die Tierklinik bei der ersten Kolik Probleme haben. Denn dann ist Futter komplett uninteressant.

Zum Verladen muss der Hänger auf Asphalt oder hartem Boden stehen.
Falsch: Gerade zum ersten Training darf der Hänger niemals auf hartem Boden stehen, denn das Pferd könnte sich verletzen, wenn es z. B. ausweicht oder aus dem Hänger schießt. Wenn möglich sollte generell auf Sand, Wiese, Hallenboden oder ähnlichem weichen Untergrund verladen werden.

Zum Üben und damit mein Pferd sich daran gewöhnt, stelle ich den Hänger auf die Weide.
Ungünstig: Ein Hänger darf nie ohne Zugfahrzeug für das Pferd begehbar sein, da die Unfallgefahr und das Abnicken des Hängers zu groß sind. Weiterhin geht das Pferd evtl. nur halb in den Hänger, was Sie beim Verlade-Training erst wieder abtrainieren müssen.

Erziehen Sie sich ein verladbares Pferd

Das muss Ihr Pferd können!

Vorab überprüfen Sie bitte wieder, ob alle vorgegebenen Sicherheitsbestimmungen eingehalten werden können und ob Sie Ihrem Pferd eine Umgebung bieten, in der es lernen kann. Dann sollten Sie sich einige wichtige Frage stellen:

Wie muss mein Pferd trainiert sein, damit ich es sicher verladen kann bzw. mit dem Verlade-Training beginnen kann?

Die Antwort:
■ Das Pferd muss anbindesicher sein.
■ Das Pferd muss führsicher sein.

■ **Freiwillig in den Hänger folgen muss kein Wunschtraum bleiben.**

■ Das Pferd muss ausbalanciert und koordiniert sein.
■ Das Pferd muss sich durchlässig rückwärtsrichten lassen.

Diese vier Säulen bilden das Fundament zum Verladen. Fehlt eine dieser Säulen, werden Sie mit Sicherheit auf Schwierigkeiten stoßen. Arbeiten Sie deshalb die folgenden Punkte aufmerksam durch und testen Sie aus, ob Ihr Pferd diese Faktoren erfüllt. Stellen Sie Lücken fest, müssen Sie diese unbedingt aufarbeiten, bevor Sie mit dem Verlade-Training am Hänger beginnen. Denn: Ihre Sicherheit und die Ihres Pferdes stehen auf dem Spiel. Dies gilt ganz besonders für die Anbinde-Sicherheit, bei der auch noch andere Personen oder Pferde beeinträchtigt werden können, sollte sich Ihr Pferd losreißen. Für ein

Pferd, das nicht ausbalanciert ist, ist es schier unmöglich, sich in einem schwankenden Hänger zurecht zu finden. Verlangen Sie es ihm trotzdem ab, ist das dem Pferd gegenüber nicht nur unfair, sondern Sie schaffen sich neue Probleme. Durch diese schlechte Erfahrung wird Ihr Pferd eventuell das nächste Mal überhaupt nicht mehr den Hänger betreten. Führsicherheit und Durchlässigkeit im Rückwärtsgehen erleichtern Ihnen das Verlade-Training, wodurch Sie Ihr gestecktes Ziel schneller erreichen. In dem Abschnitt die »drei Varianten« erläutere ich Ihnen, wie Sie Ihr Pferd auf der Basis der oben genannten Säulen in kurzer Zeit sicher und allein verladen können. Stellen Sie sich aber auch bei jedem Training bildlich vor, wie Sie irgendwann mit Ihrem Pferd (mit oder ohne Halfter) stressfrei den Hänger betreten.

■ Nur wer sich so durchlässig rückwärts richten lässt, geht auch vorwärts!
■ Rückwärts auf ein Fingersignal hin. Das können Sie bereits ohne Hänger
bei der Bodenarbeit üben.

Prüfen Sie den Ausbildungsstand Ihres Pferdes

Um Ihr Pferd sicher verladen zu können, ist es wichtig, dass Sie sich über den Ausbildungsstand Ihres Pferdes im Klaren sind. Füllen Sie diese Checkliste aus, und beurteilen Sie, was Sie eventuell vorab mit Ihrem Pferd trainieren müssen oder was Sie an Ihren eigenen Fähigkeiten noch verbessern wollen.

	trifft zu	trifft teil-weise zu	trifft nicht zu
Führarbeit			
■ Mein Pferd reißt sich nie los.			
■ Mein Pferd rempelt mich nie an.			
■ Mein Pferd ist führsicher.			
■ Mein Pferd geht durchlässig rückwärts.			
Bodenarbeit			
■ Mein Pferd ist anbindesicher.			
■ Mein Pferd ist koordiniert. Das Stangenmikado und andere Hindernisse werden gut bewältigt.			
■ Mein Pferd ist ausbalanciert. Es tritt durchlässig vorwärts und rückwärts über Balken.			
■ Mein Pferd ist an ungewöhnliche Gegenstände gewöhnt: Flatterplanen, Hupen etc.			
■ Mein Pferd geht in der Doppellonge.			
Reiten			
■ Mein Pferd hat eine Grundausbildung.			
■ Mein Pferd kann stillstehen.			
■ Mein Pferd ist durchlässig.			
■ Mein Pferd lässt sich auf beiden Händen stellen und biegen.			
Kenntnisse			
■ Ich kann gut mir Pferden umgehen.			
■ Ich habe schon Pferde verladen.			
■ Meine Kenntnisse im Reiten sind sehr gut.			

Fazit: Stellen Sie fest, dass Sie bei vielen Punkten »trifft nicht zu« angekreuzt haben, so lassen Sie sich von einem erfahrenen Reiter oder Ausbilder helfen. Haben Sie überwiegend »trifft teilweise zu« angekreuzt, überlegen Sie, welche gezielten Übungen Sie mit Ihrem Pferd durchführen können. Sind Sie in der Spalte »trifft zu« überdurchschnittlich vertreten: Herzlichen Glückwunsch, Ihr Pferd sollte sich gut verladen lassen. Vielleicht finden Sie in diesem Buch noch den einen oder anderen Tipp, wie Sie Ihren Pferde-Transport optimieren können.

Jetzt verladen Sie selbst!

Achtung: Allein die Technik macht's! Haben Sie einmal die Grundzüge dieser Varianten verinnerlicht, können Sie fast jedes Pferd verladen. Kombinieren Sie die Möglichkeiten und agieren Sie kreativ am und im Hänger.

Die »Vorwärts-rückwärts-Variante«

Wie bereits erklärt, denke ich, dass man Pferde nicht in bestimmte Schubladen stecken kann und somit keine Pauschallösung gegeben werden können. Ich habe mein Verlade-Training in drei Varianten unterteilt, die ich

je nach Pferdetyp anwende und kombiniere. Meine bevorzugte Methode, verlade-saure Pferde innerhalb kürzester Zeit in den Hänger zu bringen ist die »Vorwärts-Rückwärts-Variante«. Voraussetzung hierfür ist natürlich, dass im Vorfeld die medizinische Seite abgeklärt ist, das Pferd anbindesicher ist, sich durchlässig rückwärts richten lässt und den

■ **Obere Abbildung: Druck aufbauen durch kontrolliertes Rückwärtsrichten.**
■ **Untere Abbildung: Druck abbauen durch Vorwärtsgehen in Richtung Hänger (Variante »Augen in Richtung Hänger«).**

■ **Obere Abbildung: Druck aufbauen durch Rückwärtsrichten, dabei dem Hänger immer näher kommen.**
■ **Untere Abbildung: Druck abbauen durch Vorwärtsgehen (Variante »Augen in Richtung Pferd«).**

Umgang mit dem Druckhalfter kennt. Letzteres lässt sich mit gezielten Führübungen relativ schnell erreichen. Funktionieren wird diese

Methode jedoch nur, wenn Sie in der Lage sind, schnell und konsequent zu reagieren. Sinn ist es, soviel Druck durch das Rückwärtsgehen aufzubauen, dass das Pferd von sich aus nach vorne gehen will. Letztendlich bis in den Hänger hinein.

Führen Sie diese Übung das erste Mal mit Ihrem Pferd durch, dann müssen Sie unbedingt darauf achten, das Training zu beenden, wenn Ihr Pferd einmal im Hänger war. Nur wenige schaffen es, das zweite Mal ebensoviel Druck aufzubauen, dass ihr Pferd ihnen folgen wird. Außerdem ist für eine Trainingseinheit das Ziel längst erreicht, wenn das Pferd bis in den Hänger geht. Man überrumpelt die Pferde mit dieser Methode ein wenig, daher muss man sich gut überlegen, ob das die richtige für das eigene Pferd ist. Erfahrungsgemäß ist es ein guter Einstieg für alle Pferde, die sich nicht aus medizinischen Gründen weigern. Einmal stressfrei und zügig den Hänger bestiegen, kann den »Verlade-Knoten« bei Ihrem Pferd lösen. Somit haben Sie den Grundstein für die weitere Arbeit am Hänger gelegt. Ganz konzentriert führe ich mein Pferd auf den Trainingsplatz. Nach dem Umrunden des Hängers stelle ich mich mit dem Pferd in ca. fünf Meter Entfernung der Rampe auf und der »Verlade-Tango« beginnt (Tango nenne ich es deshalb, weil auch ein Verlade-Training harmonisch aussehen kann). Mit leichten Hilfen die stärker werden, wenn das Pferd nicht reagiert, beginne ich es drei Schritte rückwärts zu richten. Durch ein kurzes Streicheln an Kopf oder Hals lobe ich das Pferd. Aus dieser Rückwärts-Bewegung fordere ich das Pferd auf, sofort vier Schritte vorwärts zu gehen. Nach dem vierten Schritt passe ich genau den Moment ab, in dem ein Vorderbein noch in der Luft ist, um es daraufhin sofort wieder vier Schritte rückwärts zu richten. Danach geht es wieder fünf Schritte vorwärts. So bewegen wir uns das erste Mal in Richtung Anhängerrampe. Denken Sie daran, die Schritte immer zu variieren (also mal drei, mal vier, mal fünf Schritte), um Ihr Pferd aufmerksam zu halten. Kurz vor der Rampe angelangt, richten Sie Ihr Pferd sechs bis sieben Schritte zurück. Gehen Sie dann in kleinen Einheiten (ein, zwei oder drei Schritte) im Vorwärts-Rückwärts auf die Rampe zu. Haben Sie den Eindruck, Ihr Pferd geht flüssig mit, machen Sie den ersten Versuch, auf die

Rampe und in den Hänger zu gehen. Ihre Körperhaltung ist dabei aufrecht und der Blick ist auf die Vorderbeine gerichtet. Während des gesamten Vorwärts-Rückwärts stehen Sie vor dem Kopf Ihres Pferdes und kontrollieren somit jede seiner Bewegungen. Also gehen Sie bei den Vorwärtsbewegungen Ihres Pferdes rückwärts. Trainieren Sie vorher ohne Pferd rückwärts auf die Rampe zu gehen, damit Sie später nicht stolpern. Der ganze Bewegungsablauf muss wieder aus einem Guss sein. Achten Sie darauf, dass Ihr Pferd gerade rückwärts geht. Merken Sie, dass bei dem ersten Versuch, Ihr Trainingspferd noch nicht mit auf die Rampe geht, beginnt der Vorwärts-rückwärts-Tango von vorn. Auch hier ist die magische drei wieder die Obergrenze der Versuche. Hat es bis dahin noch nicht funktioniert, haben Sie entweder etwas falsch gemacht oder müssen eine andere Variante mit Ihrem Pferd ausprobieren.

Die »Come-Along-Variante«

Das Come-Along (oder auch »Komm her«) ist eine Vorübung für die Arbeit am Hänger. Ziel ist, dass das Pferd lernt, auf Ihren Blick zu reagieren. Voraussetzung für den Ausbilder ist, dass er seine Augenbewegungen unter Kontrolle hat und nicht plötzlich den Blick ins Unendliche schweifen lässt. Zur Vereinfachung können Sie am Anfang mit einem Helfer trainieren.

Stellen Sie sich frontal vor Ihr Pferd, die Longe in der rechten oder linken Hand und in der entsprechenden Seite am Druckhalfter eingehakt. Ein Helfer hält das Pferd an seinem Platz, während Sie sich nun rückwärts ein Stück entfernen. Verlängern Sie die Longe so, dass sie ein wenig durchhängt. Später werden Sie Ihr Pferd dazu bringen, dass es durch Ihren Blick an seinem Platz stehen bleibt. Ihr Blick soll sein Signal für

■ Das Pferd lernt, auf die Augen, den Blick des Menschen zu achten und richtig zu deuten: Ansehen = stehen bleiben.
■ Der Blick gleitet auf die Hufe = Longe gibt nach = kommen.

STOPP sein. Wenn Sie ca. drei Meter von Ihrem Pferd entfernt sind, lassen Sie Ihre Augen langsam vom Kopf des Pferdes auf seine Vorderhufe wandern. Dabei straffen Sie die Longe etwas, und der Helfer lässt das Pferd los. Ihr Pferd sollte sich nun auf Sie zu bewegen und vor Ihnen anhalten. Dabei wickeln Sie die Longe wieder soweit auf, dass Sie diese wie bei der Grund-Führposition tragen. Loben Sie Ihr Pferd ausgiebig. Haben Sie keinen Helfer, so entfernen Sie sich immer nur schrittweise von Ihrem Pferd. Immer wenn Ihr Pferd ohne Ihre Aufforderung einen Schritt vorwärts macht, müssen Sie es rückwärts treten lassen, bis an den Punkt, an dem es stehen bleiben sollte. Konsequent ausgeführt, wird Ihr Pferd bald verstehen, dass es Energieverschwendung bedeutet, unaufgefordert zu Ihnen zu kommen. Funktioniert die Übung nicht, so bitten Sie Ihren Helfer, er möge Ihren Blick kontrollieren, ob Sie nicht eventuell schon vorher kurz woanders hinsehen oder ob Sie zu schnell mit Ihren Augen in Richtung Hufe wandern. Diese Übung können Sie drei- bis viermal am Tag wiederholen.

**Das Pferd am Hänger –
wie Sie bei der Variante
»Come Along« agieren**
Das Come-Along zahlt sich besonders bei Pferden aus, die als *Ranholer* typisiert sind. Übertragen Sie die oben beschriebene Übung nun an den Hänger. Arbeiten Sie sich von der Position vor der Rampe in den Innenraum. Zu Beginn stehen Sie mit Ihrem Pferd vor der Rampe. Holen Sie beim ersten Mal Ihr Pferd bis zur Rampe und loben es dort. Danach gehen Sie in den Hänger und fordern Ihr Pferd auf, von der Rampe bis in den Hänger zu gehen. Geht es sofort hinein, loben Sie es ausgiebig und das Training ist für diesen Tag beendet.

Geht es nicht hinein, wiederholen Sie die Übung noch zwei- bis dreimal vor der Rampe und machen dann noch einen Versuch, in den Hänger zu gehen. Funktioniert dies immer noch nicht, geben Sie Ihrem Pferd noch bei drei weiteren Trainingseinheiten in den folgenden Tagen Gelegenheit zur Kooperation. Sind Sie danach immer noch erfolglos, müssen Sie Ihr Trainingskonzept umstellen und eine andere Variante versuchen, wie z. B. das Vorwärts-Rückwärts.

Die »freie Variante«

Die freie Variante ist wie der Name schon andeutet der Freestyle unter den drei Verlade-Methoden, mit denen ich arbeite. Ist ein Pferd absolut »verlade-sauer« oder braucht etwas länger Zeit, um die Situation umzusetzen, arbeite ich nach dieser Methode. Dabei hilft mir wieder das Druckhalfter. Das Grundprinzip ist: Jeder Schritt nach vorn wird durch Nachgeben und Loben belohnt, jeder Schritt nach hinten hat unangenehme Konsequenzen: Das Halfter übt Druck aus. Dabei gehe ich auf den Charakter des Pferdes ein. Ist es ein, was wir vermenschlicht als Sensibelchen bezeichnen, mache ich wenig Druck. Ich lasse diesem Pferd viel Zeit. Ist es ein Kämpfer und kein Energiesparer, mache ich viel Druck und lasse wenig Zeit. Viele von Ihnen werden vielleicht nun sagen: Ja, so habe ich es auch schon versucht! Der Unterschied liegt aber darin, dass Sie bei der hier beschriebenen Variante nicht im Hänger stehen und abwarten, bis Ihr Pferd einsteigt, sondern Sie ganz aktiv vorarbeiten müssen. Um zu verdeutlichen, wie die freie Variante funktioniert, hier ein Beispiel: Ein Pferd steht vor dem Hänger und stemmt alle Viere in den Sand. Ich befinde mich im Hänger ohne Trennwand mit Blickrichtung auf die Pferdebeine. Langsam nehme ich die Longe an, dadurch kommt

Druck auf das Halfter. Zum Testen gebe ich nach und ziehe dann wieder an, damit das Pferd den Unterschied spürt. Wichtig ist, dass Sie ganz fein, mit minimalsten Hilfen und Druck, arbeiten. Steht das Pferd weiter vor der Rampe und es passiert nichts, gehe ich im Hänger von rechts nach links. Dabei führe ich mit der Longe den Kopf des Pferdes mit, so dass es mir im Blick folgen muss. Wenn es nun einen Schritt nach vorne macht, dann bleibe ich stehen und lobe es. Dann fordere ich den nächsten Schritt ab. Immer gebe ich Druck auf das Halfter. Ich variiere ihn in der Stärke und auch in der Art. Teilweise halte ich den Druck konstant oder ich zupfe leicht an der Longe, um ein unangenehmes Gefühl am Halfter zu erzeugen. Dieses Zupfen scheint besonders nervig für das Pferd zu sein, denn die meisten Pferde reagieren darauf sehr gut. Mit der Zeit und verschiedenen Versuchen, werden Sie lernen, Ihr Pferd einzuschätzen. Glauben Sie mir, Sie sehen mit etwas Übung, wann, wie und wie viel Druck nötig ist. Trotzdem gibt es ein paar Grundregeln, die Sie unbedingt beachten müssen, denn zuviel oder falscher Druck zur unpassenden Zeit, und Ihr Pferd geht sofort wieder rückwärts. Dies kann auch passieren, wenn es schon zur Hälfte im Hänger steht. Sie müssen unbedingt mit der Longe nachgeben und das Pferd sofort emotionslos rückwärts richten, um dann die Übung erneut aufzubauen. Befreien Sie sich von der Denke »Jetzt-war-er-aber-schon-so-weit-drin«. Egal! Mit einer neu aufgebauten Übung erreichen Sie schneller Ihr Ziel und geben dem Pferd das Gefühl, dass Sie wirklich wissen, was Sie wollen.

Das Pferd am Hänger – wie Sie bei der »Freien Variante« agieren

Kopf des Pferdes

- Ist der Pferdekopf weit oben = Druck stark nachlassen – Eselsbrücke: Die Giraffe
- Kopf unten am Boden = Druck kurz nachlassen – Eselsbrücke: Das Trüffelschwein
- Kopf in der Waagerechten = Druck langsam wieder aufbauen – Eselsbrücke: Die Waage
- Kopf dreht sich zur Seite = sanft wieder heranziehen und erneut auf sich konzentrieren
- Schwenkt der Kopf hoch und runter = nur wenig Druck aufbauen, evtl. die Longe in den Trainingsring auf der anderen Seite oder sogar unter dem Kinn einhaken. Seien Sie erfinderisch und probieren Sie aus, worauf Ihr Pferd am besten anspricht!

Pferdebeine

- Hebt sich ein Bein = Druck nachlassen (achten Sie auch auf die Hinterbeine!)
- Stellt sich das Bein wieder = Druck aufbauen
- Erfolgt ein Schritt nach vorn = loben und kurz ausruhen lassen
- Beobachten Sie genau, bereits ein Muskelzucken kann das Anheben eines Beines ankündigen.

Mit der Zeit werden Sie Erfahrung bekommen, wann Sie wie zu reagieren haben.

Pferdekörper

- Steigen am oder im Hänger = Druck sofort nachlassen, damit das Pferd sich keinesfalls überschlägt
- Schlagen mit den Hufen auf die Rampe (so genanntes »Prüfen«) = Zulassen (eventuell vier bis fünf Schläge), denn kurz danach folgt meist der erste Schritt auf die Rampe
- Seitwärts vorbeilaufen = Trainieren Sie unbedingt mit einer Strohballen-Gasse.

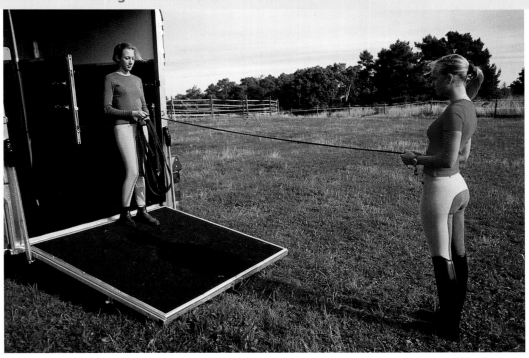

■ Wichtig ist das genaue Nachgeben im richtigen Moment. Trainieren Sie es mit einem Partner: Jana (in rot) spielt das Pferd. Hannah sieht auf die Beine von Jana.
■ Jana hebt ein Bein und Hannah muss sofort den Druck auf die Longe nachlassen.

Verladeregeln

Pferd

- Benutzen Sie ein Spezialhalfter, Druck-halfter.
- Trainiert wird nur an der Longe, nicht am Strick.
- Rüsten Sie Ihr Pferd mit Gamaschen aus.
- Das Pferd trägt, wenn möglich, eine Verladekappe.

Übungsplatz

- Trainiert wird nur in einer sicheren, umzäunten Umgebung.
- Der Untergrund des Übungsplatzes ist weich und rutschfest.

Methode

- Es wird kein Druck auf die Hinterhand des Pferdes ausgeübt.

- Trainiert werden höchstens 20 Minuten.
- Das Pferd wird emotionslos korrigiert.
- Das Pferd wird viel gelobt.

Trainer

- Handschuhe, feste Schuhe und evtl. Kappe gehören zur Standardausrüstung.
- Vor dem Training wird ein kurzer Sicherheits-Check an Auto und Hänger durchgeführt.
- Sie fragen sich vor jedem Training: »Bin ich heute mental in der Lage das Pferd gut zu trainieren?«.
- Sie bringen immer genügend Zeit für das Training mit.
- Sie arbeiten konzentriert und denken während des Trainings nicht an andere Dinge.

Das 10 Punkte-Programm

Um wirklich Erfolg mit diesem Programm zu haben, ist es wichtig, dass Sie sich an die Trainingsanleitung halten. Bitte schließen Sie nicht voreilig ab, in dem Sie denken: »Hab ich schon alles versucht«. Wenn Sie nach diesen 10 Punkten mit Ihrem Pferd konzentriert trainieren, werden Sie von Mal zu Mal einen Fortschritt feststellen. Dann heißt es dranbleiben und weitertrainieren. Übertragen Sie nun die oben genannten Varianten auf das 10 Punkte-Programm. Nehmen Sie jeweils die Variante, bei der Sie meinen, dass Ihr Pferd am besten darauf reagiert. Bitte denken Sie daran, dass 10 Punkte-Programm nicht 10 Tage-Programm heißt. Wie bei den einzelnen Schritten beschrieben, ist es möglich – je

nach Pferd – dass Sie nur langsam vorankommen. Manchmal müssen Sie vielleicht sogar wieder einen Schritt zurückgehen.

Es gibt Pferde, die schwierig sind und unter Umständen in erfahrene Hände gehören. Bitte ziehen Sie dann einen Profi zu Rate. Beachten Sie, dass während der gesamten Trainingsphase keiner Ihr Pferd mit Druck von hinten verladen darf! Dies würde Ihre bisherige Arbeit zunichte machen.

Viele Verlade-Probleme rühren von unüberlegtem oder emotionsgeladenem zum Teil aggressivem Verladen des Menschen her. Vergessen Sie den Spruch: »Wenn er jetzt nicht reingeht, dann niemals«. Ich garantiere Ihnen, dass Sie mit dieser Denkweise bei vielen Pferden außer Gegenwehr nichts erreichen werden. Scheuen Sie sich nicht, das Training nach

■ **Vor den Preis haben die Götter den Fleiß gesetzt – üben, üben, üben!**

20 Minuten abzubrechen, auch wenn Ihr Pferd den Hänger nicht betreten hat. Es geht nicht darum, das Pferd so schnell wie möglich in den Anhänger zu verfrachten. Vielmehr sollten Sie eine Trainingssituation herstellen, in der Sie Ihrem Pferd ermöglichen, angemessen zu lernen und in der es sich auf die neue Anforderung einstellen kann. Überfordern Sie Ihr Pferd nicht, sondern trainieren Sie und bereiten Sie es schonend auf diese Aufgabe vor. Sicher haben viele, die Schwierigkeiten mit Ihrem Pferd beim Verladen hatten, die Grundzüge des 10 Punkte-Programms ausprobiert. Der entscheidende Punkt bei Pferden mit extremen Verladeproblemen ist, dass mit dem Training nicht früh genug aufgehört wurde. Ewige Wiederholungen frustrieren auch den besten Schüler!

Als Beispiel einer meiner schwierigen Fälle: Eine Turnier-Reiterin vereinbarte mit mir ein Verlade-Training. Die Vorgeschichte: Das Problem bestand darin, dass das Pferd Saskatoon ganz normal auf den Hänger ging, sich aber – oben angekommen – sofort hinschmiss und durch nichts mehr zum Aufstehen zu bewegen war. Die ersten Male schlug die Besitzerin, da sie selbst in Panik war, auf ihren Wallach ein, was dazu führte, dass dieser noch verrückter reagierte und sich im Hänger festlegte. Nach zwei Stunden wurde das Pferd dann mit Stricken von vier Männern herausgezogen.

Das Training: Zuerst musste ich feststellen, wann Saskatoon begann, sich hinzuwerfen. Entscheidend für den Erfolg war, exakt den Moment abzupassen, bevor etwas passierte,

um eben genau vor der »Katastrophe« aufzuhören. Aufgrund der Erzählungen vermutete ich, dass »es« passierte, wenn Saskatoon
angebunden werden sollte. Wir verbrachten
eine Woche mit täglichem Training. Dabei
wurde das Pferd an die Rampe geführt und
gelobt. Zudem wurde ein Anbinde-Training
durchgeführt. Fünf Minuten aufwärmen, fünf
Minuten Training am Hänger, fünf Minuten
Entspannung neben dem Hänger, danach Anbinde-Training am Balken. In der nächsten
Woche steigerten wir das Ganze, indem wir
das Training bis auf die Rampe verlagerten
und so weiter. Zusätzlich mussten wir das
geordnete Rückwärtstreten üben, denn –
das war Saskatoons zweite Eigenheit – wenn
er auf der Rampe war, schoss er blitzschnell
rückwärts. Der kritische Moment im Training
war gekommen, als fast alle vier Hufe im
Hänger waren. Nun galt es, sekundenschnell
zu reagieren. Die ersten Male ließen wir den
vierten Huf nur auf den Hängerboden tippen,

dann luden wir Saskatoon sofort wieder aus.
Der Wallach wurde durchlässiger und manchmal reichte bereits ein Blick als Aufforderung
zum Rückwärtstreten. Nach zwei Monaten
hatten wir Saskatoon soweit, dass wir ihn
tatsächlich im Hänger anbinden konnten und
auch ein kurzes Stück fahren konnten. Wichtig war, dass am Anfang nur ganz kurze
Strecken gefahren wurden. Ich vermutete,
dass der Wallach erhebliche Probleme mit
der Balance während des Fahrens hatte. Somit galt es auch hier aufzuhören, bevor etwas
passierte. Zu diesem Zweck installierte die
Besitzerin ein Video-Überwachungssystem in
den Hänger, so dass wir ihr Pferd ständig im
Blick hatten. Saskatoon ist heute soweit, dass
man mit ihm wieder Strecken bis zu einer
Stunde fahren kann. Dazu muss ich sagen, dass
der Besitzerin ein ausdrückliches Lob gebührt,
denn ohne ihre Geduld und ihren festen
Glauben an Saskatoon hätten wir das lang-
wierige Training nicht durchführen können.

Gut vorbereitet?

Bereiten Sie Ihr Verlade-Training gründlich vor: Sorgen Sie dafür, dass Sie einen verläss-
lichen Helfer dabei haben, der mögliche Zuschauer wegschicken kann.
Ihr Helfer sollte die Uhr im Auge behalten, damit Sie nicht über die 20 Minuten-Grenze
kommen.
Der Hänger ist am Zugfahrzeug angehängt. Checken Sie grundsätzlich vor dem Hänger-
Training, dass der Hänger sicher an das Zugfahrzeug angehängt und in Ihrem Auto die
Handbremse angezogen ist. Gehen Sie in den Hänger und wackeln Sie hin und her, um zu
hören, welche Geräusche stören könnten. Entfernen Sie diese vorab. Lassen Sie die Klappe
herunter und postieren Sie an jeder Rampenseite vier Strohballen (Heu geht auch, ist
aber extrem verführerisch beim Vorbeigehen …). Der Boden muss rutschfest und weich
sein, also Sandboden des Außenplatzes oder Reithallenboden wäre ideal. Die Umzäunung dient zur zusätzlichen Sicherheit. Allerdings sollten Sie so arbeiten, dass Ihr Pferd
erst gar keinen Grund hat, sich loszureißen und Ihnen stiften zu gehen. Umrunden Sie
vor jedem Training zum Aufwärmen ein paar Mal von beiden Seiten den Hänger und das
Zugfahrzeug.

Schritt für Schritt in den Hänger

Punkt 1 – Ausgangsvoraussetzung:

- Hänger ohne Trennwand
- vier Strohballen sind
  an jeder Rampenseite aufgebaut

An dieser vorbereitenden Übung trennen sich bereits die wirklich schwierigen Fälle von den leichten. Pferde mit tief sitzenden Ängsten rollen sich hier meist schon auf, und es ist unmöglich, Sie geordnet um den Hänger zu führen. Passiert dies, arbeiten Sie erst einmal daran, dass Sie Ihr Pferd wieder unter Kontrolle bekommen und machen ein paar Führübungen: Gehen und stehen bleiben, dann rückwärts und wieder ein paar Schritte gehen. Dabei umrunden Sie den Hänger. Gerne führe ich dabei die Pferde nah an den Hänger heran und lasse sie durch die Front-tür des Hängers schauen oder den Front-ausstieg beriechen. Folgt Ihr Pferd Ihnen mit waagerecht gehaltenem Hals und macht es einen relaxten Eindruck, gehen Sie mit Ihm auf die Rampe zu. Versuchen Sie im ersten Anlauf – einfach zum Testen – durchzugehen und achten Sie auf die Reaktion Ihres Pfer-des. Ihre Haltung ist aufrecht, Ihr Schritt frisch und nicht zögernd. Ihr Blick ist in den Hänger gerichtet und nicht auf Ihr Pferd. Suchen Sie sich einen Punkt im Hänger. Bleibt Ihr Pferd an der Rampe stehen, gehen Sie einfach wei-ter bis an die Frontwand des Hängers. Dabei verlängern Sie die Longe um das Stück, das Sie benötigen. Drehen Sie sich um und sehen Sie Ihrem Pferd auf die Hufe. Geben Sie nun langsam Druck auf die Longe und warten Sie kurz ab, was passiert. Ernten Sie keinerlei Reaktion, wickeln Sie die Longe wieder auf und gehen zu Ihrem Pferd zurück. Gehen Sie mit Ihrem Pferd einen Kreis und bewegen sich wieder auf die Rampe zu. Diesen Vorgang

wiederholen Sie zweimal. Bleibt Ihr Pferd dann immer noch stehen, müssen Sie eine andere Variante ausprobieren. Bei dem Come-Along betreten Sie den Hänger und ver-suchen, Ihr Pferd vom Inneren des Hängers heranzuholen. Bei der Variante Vorwärts-Rückwärts stellen Sie sich mit Ihrem Pferd vor der Rampe auf und gehen dann mit dem Pferd in den Hänger hinein. Bei der freien Variante zupfen Sie Ihr Pferd in den Hänger, in dem Sie impulsartig Druck auf die Longe geben und wieder nachlassen.

Wichtig ist nun, dass Sie beobachten, worauf Ihr Pferd am besten anspricht. Diese Variante legen Sie dann für die weiteren Übungen zugrunde. Wichtig ist, dass sich während des Trainings keine Person hinter oder am Hän-ger aufhält. Sicher wird bei Ihrer ersten Trai-ningseinheit nicht alles funktionieren. Lassen Sie sich keinesfalls entmutigen. Bitten Sie Ihren Helfer, alle Beobachtungen, die er während des Trainings gemacht hat, stichwortartig in Ihrem Verlade-Tagebuch festzuhalten. Diese Notizen werden Ihnen bei der abendlichen Auswertung mit Sicherheit weiterhelfen. Nun fragen Sie sich vielleicht, wie lange (in Tagen) das Training mit den Voraussetzungen von Punkt 1 dauert. Die Antwort ist: lange. Schließ-lich befinden Sie sich in der schwierigen Phase von Schritt 0 nach Schritt 1. Trainieren Sie lieber so lange, bis Sie diese Phase richtig gut beherrschen, als später durch fehlende Grundlagen zurückgeworfen zu werden. Ge-hen Sie erst zu Punkt 2 über, wenn Sie Ihr Pferd fließend ein- und rückwärts wieder aus-laden können. Erliegen Sie vor allen Dingen nicht der Versuchung, länger weiterzutrainie-ren. Sehen Sie seine Verweigerung als Heraus-forderung an, nochmals alle Voraussetzungen zu überprüfen: Stimmt Ihre Körperhaltung, Ihre Stimmungslage, haben Sie eine stressfreie Atmosphäre geschaffen, ist Ihr Pferd gesund etc.?

Verladetagebuch zu Punkt I

Datum:. . . . .

Start-Zeit: . . . .

Ende: . . . .   ☺ ☺ ☹

Heute war es: . . . .

Mein Ziel war …: . . . .

Das wurde erreicht: . . . .

Verlauf: . . . .

Ich habe mein Pferd genau beobachtet und festgestellt, dass: . . . .

. . . .

Es hat heute gut funktioniert, weil: . . . .

. . . .

Es hat nicht so funktioniert, weil ich vermute, dass: . . . .

. . . .

Während des Trainings habe ich über mein Pferd gedacht, dass: . . . .

. . . .

Meine Fehler waren: . . . .

. . . .

Das werde ich das nächste Mal anders machen: . . . .

. . . .

Motivation

Gut gemacht, die größte Hürde ist überwunden. Sie haben sich entschlossen, ernsthaft mit Ihrem Pferd zu trainieren und haben einen entscheidenden Schritt von 0 nach 1 getan! Freuen Sie sich schon auf das nächste Mal!

■ **Obere Abbildung: Umrunden Sie das Gespann mit Ihrem Pferd, um es aufzuwärmen und Spannungen abzubauen.**

■ **Untere Abbildung: Am Anfang mit Strohballen als Weg-Begrenzung trainieren!**

Punkt 2 – Ausgangsvoraussetzung

■ Hänger ohne Trennwand
■ vier Strohballen sind
  an jeder Rampenseite aufgebaut
■ Pferd soll angebunden werden

Bitte beachten Sie die Trainingsvoraussetzungen, die Sie im Kasten auf S. 94 finden. Sie umrunden mit Ihrem Pferd zum Aufwärmen ein paar Mal von beiden Seiten den Hänger und das Zugfahrzeug. Danach gehen Sie auf die Rampe zu und arbeiten wieder nach der von Ihnen ausgesuchten Variante. Das Ziel der heutigen Trainingseinheit ist, Ihr Pferd im Hänger anzubinden. Voraussetzung ist natürlich, dass Ihr Pferd anbindesicher ist.

Postieren Sie Ihren Helfer an der Fronttür des Hängers, damit er in Notfällen eingreifen kann. Steht Ihr Pferd im Hänger, binden Sie es an

■ **Die erste Hürde ist geschafft: Im Hänger ohne Trennwand.**

und entfernen sich langsam. Dabei sprechen Sie beruhigend auf das Pferd ein und tätscheln seinen Körper. Loben Sie Ihr Pferd und binden es los. Gehen Sie nun mit dem Pferd um den Hänger herum, damit sich Ihr Pferd wieder entspannen kann. Betreten Sie dann erneut den Hänger und steigern Sie die Anbinde-Zeit im Hänger langsam. Dabei reicht es bei den ersten Übungen, dass Sie sich bis an die Hinterhand – bis zur Rampe – entfernen.

Ziel des Trainings sollte sein, sich soweit entfernen zu können, dass Sie außer Sichtweite für das Pferd sind. Dreht sich Ihr Pferd dabei im Hänger nach hinten um oder gerät es in Panik, dann sollten Sie erwägen, das Training dahingehend umzustellen, dass Sie das Anbinden im Hänger erst üben, wenn Sie die Trennwand eingehakt haben und auch die Heckstange schließen können. Beachten Sie immer die Sicherheit.

Verladetagebuch zu Punkt 2

Datum: . . . .
Start-Zeit: . . . .
Ende: . . . .
Heute war es: . . . .
Mein Ziel war: . . . .
Es wurde erreicht, dass: . . . .
Verlauf: . . . .
Ich habe mein Pferd genau beobachtet und festgestellt, dass: . . . .
. . . .
Es hat heute gut funktioniert, weil: . . . .
. . . .
Es hat nicht so funktioniert, weil ich vermute, dass: . . . .
. . . .
Während des Trainings habe ich über mein Pferd gedacht, dass: . . . .
. . . .
Meine Fehler waren: . . . .
. . . .
Das werde ich das nächste Mal anders machen: . . . .
. . . .

Motivation
Prima, dass Sie dabeigeblieben sind und weitertrainieren! Die besondere Schwierigkeit bei Punkt 2 ist sicher, dass Ihr Pferd ruhig bleibt, wenn Sie es im Hänger anbinden. Lassen Sie sich Zeit.

Punkt 3 – Ausgangsvoraussetzung

- Hänger mit zur Seite
  geschwenkter Trennwand
- vier Strohballen sind
  an jeder Rampenseite aufgebaut

Zum Aufwärmen drehen Sie zuerst wieder ein paar Runden mit Ihrem Pferd auf dem Übungsplatz. Bitte beachten Sie die Trainingsvoraussetzungen, die Sie im Kasten auf S. 94

finden. Dabei umrunden Sie den Hänger und das Zugfahrzeug. Die Schwierigkeit bei Punkt 3 besteht darin, dass je nach Konstruktion des Hängers, lose Teile der Trennwand klappern können. Zudem kann die Trennwand, obwohl sie seitlich steht und der Großteil des Innenraumes dadurch frei ist, als Blockade wirken. Nun kommt es darauf an, dass Sie Ihr Pferd an der Wand vorbeilotsen und mit allen Vieren in den Hänger bekommen. Welche Seite Sie blockieren, bleibt Ihnen überlassen bzw.

■ Die Trennwand wirkt auch wenn sie zur Seite geschwenkt ist als Blocker.

hängt von Ihrer Beobachtungsgabe ab. Überlegen Sie, welche Seite Ihr Pferd bevorzugt. Vielleicht halten das einige Leser für zuviel Rücksicht, aber je angenehmer Sie Ihrem Pferd seinen Aufenthalt im Hänger gestalten, desto schneller wird Ihr Training fortschreiten und erfolgreich sein.

Klären Sie vorher ab, ob Ihr Pferd durch enge Gassen gehen kann. Desensibilisieren Sie Ihr Pferd auch für Berührungen an den Sprunggelenken und an der Schweifrübe. An der Schweifrübe wird irgendwann die Heckstange drücken.

Bei der ersten Trainingseinheit mit zur Seite geschwenkter Trennwand reicht es vollkommen aus, wenn Ihr Pferd einmal im Hänger war. Brechen Sie dann das Training ab, loben Sie Ihr Pferd und gehen erst beim nächsten Mal zwei- oder dreimal in den Hänger und wieder hinaus.

Verladetagebuch zu Punkt 3

Datum: . . . .

Start-Zeit: . . . .

Ende: . . . .

Heute war es: . . . . ☺ ☺ ☹ . . . .

Mein Ziel war: . . . .

Es wurde erreicht, dass: . . . .

Verlauf: . . . .

Ich habe mein Pferd genau beobachtet und festgestellt, dass: . . . .

. . . .

Es hat heute gut funktioniert, weil: . . . .

. . . .

Es hat nicht so funktioniert, weil ich vermute, dass: . . . .

. . . .

Während des Trainings habe ich über mein Pferd gedacht, dass: . . . .

. . . .

Meine Fehler waren: . . . .

. . . .

Das werde ich das nächste Mal anders machen: . . . .

. . . .

Motivation

Nicht verzweifeln, wenn es heute nicht so funktioniert hat. Schließlich ist die Trennwand im Hänger eine große Hürde im Trainingsplan. Und: Sie müssen sich erst einmal zurechtfinden, wie Sie sich am besten mit der Trennwand im Hänger bewegen. Für das Zick-Zack-Gehen ist dann meist nur noch vorne im Hänger Platz.

Punkt 4 – Ausgangsvoraussetzung

- Hänger mit eingehakter Trennwand
- vier Strohballen sind
  an jeder Rampenseite aufgebaut

Auch hier heißt es vorab: aufwärmen! Bitte beachten Sie die Trainingsvoraussetzungen, die Sie im Kasten auf S. 94 finden.
Noch weisen Ihnen und Ihrem Pferd Strohballen den Weg. Ein Ausweichen ist also für Ihr Pferd schwierig. Was ich aber oft beobachte ist, dass die Pferde, sobald die Trennwand eingehakt ist, scheinbar ratlos vor der Trennwand stehen und sich für keine Seite entscheiden können. Nun ist es an Ihnen, mit Ihrer Körpersprache eindeutige Signale zu geben, wohin sich Ihr Pferd orientieren soll. Wieder reicht beim ersten Training von Punkt 4 das einmalige Betreten des Hängers. Loben Sie Ihr Pferd und beenden die Übungsstunde. Beim nächsten Mal lassen Sie Ihr Pferd

- **Noch eine Hürde zu meistern: die eingehakte Trennwand!**

drei- bis viermal den Hänger betreten und wieder verlassen. Zwischendurch umrunden Sie den Hänger, damit sich Ihr Pferd entspannen kann. Bedenken Sie, dass diese Trainingseinheit nach Punkt 1 die schwierigste ist. Wenn Ihr Pferd bis jetzt noch gut mitgearbeitet hat, ist es nun möglich, dass sich Probleme ergeben. Die eingehakte Wand wirkt auf viele Pferde wie eine Blockade. Trainieren Sie langsam und lassen Sie Ihrem Pferd Zeit, sich auf die neue Situation einzustellen.

Verladetagebuch zu Punkt 4

Datum: . . . .
Start-Zeit: . . . .
Ende: . . . .
Heute war es: . . . .   ☺   😐   ☹
Mein Ziel war: . . . .
Es wurde erreicht, dass: . . . .
Verlauf: . . . .
Ich habe mein Pferd genau beobachtet und festgestellt, dass: . . . .
. . . .
Es hat heute gut funktioniert, weil: . . . .
. . . .
Es hat nicht so funktioniert, weil ich vermute, dass: . . . .
. . . .
Während des Trainings habe ich über mein Pferd gedacht, dass: . . . .
. . . .
Meine Fehler waren: . . . .
. . . .
Das werde ich das nächste Mal anders machen: . . . .
. . . .

Motivation
Ist Ihr Pferd heute in den Hänger gegangen, dann können Sie stolz auf sich sein. Ihre Arbeit trägt erste Früchte. Haben Sie es nicht geschafft, schalten Sie eine Stufe zurück und gehen wieder zur Einheit 3 zurück. Schaffen Sie sich und Ihrem Pferd erst einmal wieder ein Erfolgserlebnis.

Punkt 5 − Ziel

▪ Pferd mit eingehakter Trennwand
  im Hänger anbinden
▪ vier Strohballen sind
  an jeder Rampenseite aufgebaut

Vergessen Sie nicht, das Pferd vor dem Training aufzuwärmen. Dabei umrunden Sie einige
Male Zugfahrzeug und Pferdehänger. Bitte
beachten Sie die Trainingsvoraussetzungen,
die Sie im Kasten auf S. 94 finden.

Wenn Sie bisher alle Übungen sorgfältig ausgeführt haben, dürfte dieses Training ein Leichtes für Sie werden. Heute geht es darum, Ihr
Pferd mit eingehakter Trennwand im Hänger
festzubinden. Für alle, die bei Punkt 2 Probleme hatten und nun erst das Anbinden im Hänger trainieren, ist es jedoch wieder ein großer
Schritt. Postieren Sie einen Helfer außen am
Fronteinstieg oder an der seitlichen Tür − je
nach Hängertyp. Dieser muss in Notfällen
schnell und beherzt eingreifen können. Wie
bereits erwähnt, gehe ich davon aus, dass Sie

▪ **Bei Rückschlägen einfach eine Stufe zurückgehen!**

Ihr Pferd sicher auf das Anbinden vorbereitet haben. So verhindern Sie, dass Ihr Pferd im Hänger in Panik gerät, was zur Folge hätte, dass Sie wieder vermehrte Probleme beim einfachen Einladen bekommen, weil Ihr Pferd den Hänger mit einem negativen Erlebnis verbindet. Natürlich gibt es auch hier Pferde, die ein »dickeres Fell« haben und sich nicht so leicht verschrecken lassen. Für die Sensibelchen unter unseren Vierbeinern stellt die Panik durch Anbinden im Hänger jedoch ein Problem dar. Gehen Sie bei dieser Aufgabe nach dem Trainingsmuster des Abschnitts Anbinden vor. Können Sie Ihr Pferd nicht gefahrlos ohne geschlossene Heckstange anbinden, müssen Sie Ihr Pferd erst an die Berührung mit der Heckstange gewöhnen. Trainieren Sie außerhalb des Hängers, in dem Sie die Stange leicht gegen das Hinterteil Ihres Pferdes drücken.

Loben Sie Ihr Pferd dabei sooft wie möglich, wenn es diese ungewohnte Berührung zulässt. Arbeiten Sie hierbei unbedingt mit einem Helfer.

Verladetagebuch zu Punkt 5

Datum: . . . .

Start-Zeit: . . . .

Ende: . . . .

Heute war es: . . . .   ☺ ☹ ☹ . . . . .

Mein Ziel war: . . . .

Es wurde erreicht, dass: . . . .

Verlauf: . . . .

Ich habe mein Pferd genau beobachtet und festgestellt, dass: . . . .

. . . .

Es hat heute gut funktioniert, weil: . . . .

. . . .

Es hat nicht so funktioniert, weil ich vermute, dass: . . . .

. . . .

Während des Trainings habe ich über mein Pferd gedacht, dass: . . . .

. . . .

Meine Fehler waren: . . . .

. . . .

Das werde ich das nächste Mal anders machen: . . . .

. . . .

Motivation

Heute rächt sich, was bei Einheit 2 eventuell versäumt wurde. Wir brauchen beim Verladen ein Pferd, das sich ruhig anbinden lässt. Versuchen Sie wieder genau zu analysieren, woran das Problem liegen könnte. Hatten Sie Erfolg? Dann Gratulation und wenden Sie sich alsbald der nächsten Einheit zu.

Punkt 6 – Ziel

- Trennwand einhaken
- Pferd anbinden
- Heckstange und Klappe schließen
- vier Strohballen sind
  an jeder Rampenseite aufgebaut

Umrunden Sie zum Aufwärmen ein paar Mal von beiden Seiten den Hänger und das Zugfahrzeug. Bitte beachten Sie die Trainingsvoraussetzungen, die Sie auf S. 94 finden. Nachdem Sie Punkt 5 ausreichend trainiert haben, dürfte das Einsteigen, das Festbinden und das Schließen der Heckstange problemlos funktionieren. Nun geht es darum, die Klappe zuzumachen. Wichtig ist, dass Sie vorab festgestellt haben, dass Ihr Pferd nicht klaustrophobisch ist.

Gehen Sie nun beherzt vor und lassen Ihr Pferd nicht an Ihren eventuellen Sorgen teilhaben. Bei diesem Trainingspunkt zahlt sich aus, wenn Sie einen Hänger der neueren Ge-

---

Verladetagebuch zu Punkt 6

Datum: . . . .
Start-Zeit: . . . .
Ende: . . . .   ☺   ☹   ☹
Heute war es: . . . .
Mein Ziel war: . . . .
Es wurde erreicht, dass: . . . .
Verlauf: . . . .
Ich habe mein Pferd genau beobachtet und festgestellt, dass: . . . .
. . . .
Es hat heute gut funktioniert, weil: . . . .
. . . .
Es hat nicht so funktioniert, weil ich vermute, dass: . . . .
. . . .
Während des Trainings habe ich über mein Pferd gedacht, dass: . . . .
. . . .
Meine Fehler waren: . . . .
. . . .
Das werde ich das nächste Mal anders machen: . . . .
. . . .

Motivation

Mit dem heutigen Schritt haben Sie es weit geschafft. Das Schließen der Heckstange ist bei vielen Pferden das Tagesproblem Nr. 1, wenn sie plötzlich merken, dass sie nicht mehr zurück können. Für die ehemals mit »Druck von hinten« verladenen Pferde ist es ein ganz besonders großer Schritt, diese Berührung zuzulassen. Lassen Sie Ihrem Pferd Zeit, sich mit dieser neuen Situation anzufreunden.

neration haben, der eine hydraulische Heckklappe hat, die sich nach kurzem Aufheben von alleine schließt. Unter Umständen müssen Sie nämlich innerhalb eines Trainings mehrmals die Klappe schließen und wieder öffnen. Bei der ersten Sitzung reicht es jedoch, wenn die Klappe einmal geschlossen wurde. Danach loben Sie das Pferd und laden es aus. Gerät Ihr Pferd in Panik, müssen Sie sofort handeln. Über die richtige Vorgehensweise scheiden sich auch hier die Geister.

Meine Meinung dazu ist: Klappe öffnen, Pferd beruhigen und ausladen, Training wieder neu aufbauen und von vorne beginnen. Andere belassen das Pferd im Hänger und lassen es die Krise durchstehen. Ob dies die richtige Methode ist, Vertrauen aufzubauen ist sicher fraglich. Wie bereits erwähnt, hat jedes Problem eine Ursache. Wenn Ihr Pferd also im geschlossenen Hänger in Panik gerät, müssen Sie herausfinden, wo die Lücken im Trainingsstand Ihres Pferdes sind.

Heute soll die Klappe geschlossen werden – ein großer Schritt im Training.
Gehen Sie stufenweise vor und steigern Sie die Anforderung.

Punkt 7 – Ausgangsvoraussetzung

■ Hänger ohne Trennwand
■ Ziel: ohne Strohballen
an den Rampenseiten verladen

Umrunden Sie zum Aufwärmen ein paar Mal von beiden Seiten den Hänger und das Zugfahrzeug. Bitte beachten Sie die Trainingsvoraussetzungen, die Sie auf S. 94 finden. Heute steht wieder ein großer Schritt im Trainingsplan Ihres Pferdes an: Sie trainieren das Verladen am Hänger ohne Strohballen. Wir wollen es dem Pferd etwas angenehmer machen und nehmen noch einmal die Trennwand heraus. Normalerweise sollte Ihr Pferd durch die Strohballen-Gasse darauf trainiert sein, gerade auf den Hänger zuzugehen. Bei den chronischen Seiteneinsteigern müssen Sie nun besonders auf akkurate Ausführung achten.

■ **Beginnen Sie nun, ohne Strohballen-Gasse zu trainieren.**

Macht Ihr Pferd den Versuch, schräg auf den Hänger zuzugehen, halten Sie es an und richten es drei Schritte rückwärts. Bald wird es merken, dass diese Variante nicht die einfachste ist und wird den geraden Weg einschlagen. Funktioniert dies nicht, können Sie ein wenig »schummeln« und eine Seite des Hängers so nah an eine Wand oder Hecke stellen, dass Sie eine natürliche Barriere erhalten. Nach und nach sollten Sie zu realistischen Verlade-Bedingungen kommen, also die Rampe frei im Raum liegen haben. Kommen Sie bei dieser Trainingseinheit überhaupt nicht weiter, so scheuen Sie sich nicht, wieder einen Schritt zurückzugehen und nochmals nach Punkt 6 zu trainieren. Arbeiten Sie auch an Ihrer Führposition. Folgt Ihnen Ihr Pferd nicht oder nur schief, kann es auch daran liegen, dass Sie noch nicht sein Führer sind.

Verladetagebuch zu Punkt 7

Datum: . . . .
Start-Zeit: . . . .
Ende: . . . .
Heute war es: . . . .
Mein Ziel war: . . . .
Es wurde erreicht, dass: . . . .
Verlauf: . . . .
Ich habe mein Pferd genau beobachtet und festgestellt, dass: . . . .
. . . .
Es hat heute gut funktioniert, weil: . . . .
. . . .
Es hat nicht so funktioniert, weil ich vermute, dass: . . . .
. . . .
Während des Trainings habe ich über mein Pferd gedacht, dass: . . . .
. . . .
Meine Fehler waren: . . . .
. . . .
Das werde ich das nächste Mal anders machen: . . . .
. . . .

Motivation
Achten Sie darauf, dass Ihr Pferd gerade auf die Rampe geht. Heute trainieren Sie das erste Mal ohne Strohballen? Bleiben Sie geduldig und machen Sie drei Anläufe. Folgt Ihnen Ihr Pferd vertrauensvoll? Achten Sie auf Ihre Führposition!

Punkt 8 – Ausgangsvoraussetzung

■ Trennwand zur Seite
■ keine Strohballen an den Rampenseiten

Jetzt heißt es erst einmal aufwärmen. Bitte beachten Sie die Trainingsvoraussetzungen, die Sie im Kasten auf S. 94 finden. Nun steigern wir den Schwierigkeitsgrad wieder

etwas und richten die Trennwand so ein, dass sie seitlich steht. An den Seiten der Rampe sind keine Strohballen mehr aufgestellt, denn wir wollen uns ja so langsam an Realbedingungen heranarbeiten. Die Schwierigkeit heute

■ **Nochmals das ganze Programm durchlaufen, das gibt zusätzliche Sicherheit!**

besteht darin, dass Ihr Pferd eventuell wieder vermehrt versuchen wird, zu einer Seite auszubrechen. Gehen Sie dann wie in Punkt sieben vorgeschlagen vor, und stellen Sie den Hänger an eine natürliche Barriere. Damit haben Sie wenigstens eine Seite abgedeckt und können sich auf die andere Seite voll konzentrieren, um ein seitliches Ausbrechen zu verhindern.

Verladetagebuch zu Punkt 8

Datum: . . . .

Start-Zeit: . . . .

Ende: . . . .   ☺   ☺   ☹

Heute war es: . . . .

Mein Ziel war: . . . .

Es wurde erreicht, dass: . . . .

Verlauf: . . . .

Ich habe mein Pferd genau beobachtet und festgestellt, dass: . . . .

. . . .

Es hat heute gut funktioniert, weil: . . . .

. . . .

Es hat nicht so funktioniert, weil ich vermute, dass: . . . .

. . . .

Während des Trainings habe ich über mein Pferd gedacht, dass: . . . .

. . . .

Meine Fehler waren: . . . .

. . . .

Das werde ich das nächste Mal anders machen: . . . .

. . . .

Motivation

Alle Schritte bis hier mit Bravour durchlaufen? Heute war die Trennwand vielleicht wieder ein Hindernis. Pferde mit Platzangst neigen zum seitlichen Ausbrechen. Drehen Sie nach jedem Versuch eine Runde um den Hänger, um sich nicht an dieser Übung festzubeißen.

Punkt 9 – Ausgangsvoraussetzung

- Pferd anbinden
- Trennwand eingehakt
- keine Strohballen
- Ziel: schließen der Heckstange

Nehmen Sie nun Ihr Pferd und umrunden Sie zum Aufwärmen ein paar Mal von beiden Sei-

ten den Hänger und das Zugfahrzeug. Bitte beachten Sie die Trainingsvoraussetzungen, die Sie im Kasten auf S. 94 finden. Heute fahren wir das volle Programm auf. Ihr heutiges Trainingsziel ist, Ihr Pferd mit eingehakter Trennwand und geschlossener Heckstange im Hänger anzubinden und die Klappe zu schließen. Das Ganze ohne Strohballen an der Rampenseite. Treten bei dieser Übung Probleme

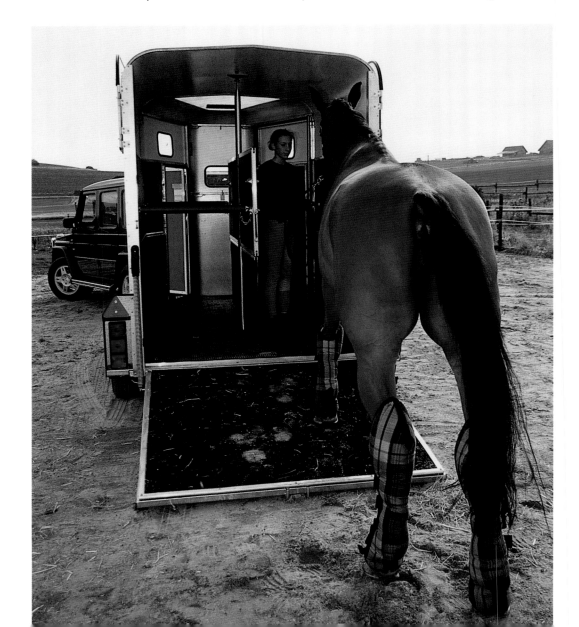

auf, schauen Sie sich noch einmal Punkt 4 an und gehen eventuell zu dieser Übung zurück, wenn es nach drei bis vier Versuchen nicht funktioniert.

■ **Links: Sie stehen kurz vor dem Ziel. Trainieren Sie Punkt 9 so lange, bis die Lektion gut beherrscht wird!**

Verladetagebuch zu Punkt 9

Datum: . . . .
Start-Zeit: . . . .
Ende: . . . .
Heute war es: . . . .
Mein Ziel war: . . . .
Es wurde erreicht, dass: . . . .
Verlauf: . . . .
Ich habe mein Pferd genau beobachtet und festgestellt, dass: . . . .
. . . .
Es hat heute gut funktioniert, weil: . . . .
. . . .
Es hat nicht so funktioniert, weil ich vermute, dass: . . . .
. . . .
Während des Trainings habe ich über mein Pferd gedacht, dass: . . . .
. . . .
Meine Fehler waren: . . . .
. . . .
Das werde ich das nächste Mal anders machen: . . . .
. . . .

Motivation
So kurz vor dem Ziel, wer wird denn da noch aufgeben? Die Knackpunkte sind heute sicher wieder die Trennwand und die Heckstange. Natürlich wird es schwieriger, um so geduldiger müssen Sie bleiben. Wiederholen Sie Punkt 9 bis er wirklich sitzt. Sparen Sie nicht am Lob!

Punkt 10 – Ausgangsvoraussetzung

- Trennwand eingehakt
- Pferd anbinden
- keine Strohballen
- Ziel: Schließen der Heckstange
- erste Fahrübung

Umrunden Sie zum Aufwärmen ein paar Mal von beiden Seiten den Hänger und das Zugfahrzeug. Bitte beachten Sie die Trainingsvoraussetzungen, die Sie im Kasten auf S. 94 finden. Laden Sie Ihr Pferd wie in Punkt 9 beschrieben ein und bereiten Sie alles für die erste Fahrt vor. Für die heutige Übungseinheit sollten Sie auf jeden Fall vorher das Gespann-

Tipp – Frontausstieg

Ein Pferdehänger mit Frontausstieg erleichtert das Training für verladeunsichere Pferde ungemein.
Nach meiner Erfahrung ist die Eingewöhnung an einen solchen Hänger für ein verlade-saures Pferd viel einfacher als in einen Hänger ohne Frontausstieg. Worauf man jedoch unbedingt achten muss ist, dass die Pferde den kleinen Personenausstieg nicht für den Frontausstieg halten und versuchen, sich mit Anlauf da durchzuquetschen!

- **Heute wird schon ein kleines Stück gefahren!**

Fahren geübt haben, auch wenn Sie beim ersten Mal nur eine ganz kurze Strecke fahren werden. Nutzen Sie die Möglichkeit, Ihr Pferd an einen Ort zu fahren, den es mit einem positivem Erlebnis in Verbindung bringt, wie z. B. die Weide oder ein anderer Stall mit ihm bekannten Pferden, in dem kurz Rast gemacht wird. Entspannen Sie sich dort und treten Sie nach einer Stunde wieder die Heimfahrt an. Erst wenn Sie das volle Programm bis hierhin beherrschen, empfehle ich Ihnen, den Ort beim Einladen zu wechseln und z. B. auf einem belebten Turnierparkplatz den Ernstfall zu üben. Abschließend bedenken Sie bitte, dass die hier genannten Übungsvorschläge eine Basis darstellen, die je nach Pferdetyp und Schwere der Verlade-Angst individuell variiert werden müssen. Überlegen Sie sich gut, ob Sie vielleicht doch lieber ein paar Stunden bei einem ausgebildeten Trainer nehmen.

Verladetagebuch zu Punkt 10

Datum: . . . .
Start-Zeit: . . . .
Ende: . . . .
Heute war es: . . . . ☺ ☺ ☹
Mein Ziel war: . . . .
Es wurde erreicht, dass: . . . .
Verlauf: . . . .
Ich habe mein Pferd genau beobachtet und festgestellt, dass: . . . .
. . . .
Es hat heute gut funktioniert, weil: . . . .
. . . .
Es hat nicht so funktioniert, weil ich vermute, dass: . . . .
. . . .
Während des Trainings habe ich über mein Pferd gedacht, dass: . . . .
. . . .
Meine Fehler waren: . . . .
. . . .
Das werde ich das nächste Mal anders machen: . . . .
. . . .

Motivation

Bereiten Sie sich gut auf Ihre erste kleine Fahrt vor. Wenn Sie zu einer Weide in der Nähe fahren sollten, achten Sie am besten darauf, dass Sie zu Fuß wieder zurückgehen können, sollten alle Stricke reißen. Macht mir nix, werden Sie sich dann denken, es hätte schlimmer kommen können. Trainieren Sie die Punkte, bei denen Sie noch Schwachstellen vermuten, einfach weiter. Steigern Sie die Fahrzeit im Fünf-Minuten-Rhythmus von fünf auf 30 Minuten. Freuen Sie sich an dem Erreichten, und lassen Sie Ihr Pferd stets an Ihrer Freude teilhaben.

Verlade-Training im Wochenplan

Was jeder verantwortungsbewusste Reiter weiß: Jedes Pferd braucht Abwechslung. Anbei finden Sie einen Wochenplan, wie Sie das Verlade-Training in Ihren sonstigen Ablauf einbinden können, ohne sich nur noch dem Verladen zu widmen. Bedenken Sie, weniger ist mehr. Die Übungen wurden auf morgens und abends verteilt, was verdeutlichen soll,

1. TAG

Morgens:
- 20 Minuten reiten (Dressur, Springen, Freizeit)
- Wahlweise 1 Stunde ausreiten
- Anschließend 10 Minuten Gymnastik mit dem Pferd und Massage

Abends:
- 20 Minuten Bodenarbeit
- 10 Minuten Koordinations- oder Führ-Training
- 10 Minuten Monster-Training

2. TAG

Morgens:
- 20 Minuten Hänger-Training

Abends:
- 1 Stunde ausreiten oder spazieren gehen mit dem Pferd

3. TAG

Morgens:
- 10 Minuten Doppellonge
- 10 Minuten Bodenarbeit (Monster- oder Koordinations- Training)

Abends:
- 20 Minuten Hänger-Training

wieviel Beschäftigung Ihr Pferd idealerweise benötigen würde. Vielleicht lässt sich dieser umfangreiche Plan einmal in Ihrem Urlaub verwirklichen? Denken Sie daran, dass es unfair von Ihnen ist, Ihrem Pferd Dinge abzuverlangen, auf die Sie es nicht sorgfältig vorbereitet haben. Verstehen Sie diesen Plan als eine Anregung und schreiben ihn sich für Ihre Bedürfnisse passend um. Die Zeit, die Sie mit Ihrem Pferd verbringen, soll Freude bringen.

4. TAG

Morgens:
- 20 Minuten reiten
- 10 Minuten Gymnastik mit dem Pferd

Abends:
- 20 Minuten Hänger-Training
- 10 Minuten Gymnastik mit dem Pferd

5. TAG

Morgens:
- 20 Minuten Hänger-Training
- 30 Minuten spazieren gehen

Abends:
- 20 Minuten Bodenarbeit
- 10 Minuten Koordinations-Training
- 10 Minuten Monster-Training

6. TAG

Morgens:
- 20 Minuten reiten

Abends:
- 1 Stunde spazieren gehen oder ausreiten

7. TAG

Morgens:
- 10 Minuten Hänger-Training

Abends:
- 10 Minuten Doppellonge
- 10 Minuten Gymnastik mit dem Pferd

- **Hauptsache Abwechslung! Gestalten Sie den Trainingsplan Ihres Pferdes vielfältig!**

6. SO LÖSEN SIE VERLADE-PROBLEME

Warum geht mein Pferd nicht in den Hänger?

Es gibt eine Ursache für jedes Symptom …

Warum sich ein Pferd nicht oder nur schwer verladen lässt, kann 1000 oder mehr verschiedene Ursachen haben. Schauen Sie sich diese Liste durch und überlegen Sie, was in Ihrem Fall zutreffen könnte.

Ihr Pferd hatte beim letzten Transport (beim Ausladen oder während der Fahrt) einen Unfall?
Ist es gesundheitlich vollkommen kuriert oder hat es unter Umständen Gelenkblockaden zurückbehalten (Osteotherapeut)? Bauen Sie Vertrauen neu auf (TEF-Training). Unterstützen Sie die mentale Kraft Ihres Pferdes (Bachblüten). Trainieren Sie schonend (10 Punkte-Programm).

Ihr Pferd wurde bei einem der vorherigen Transporte in einem Viehhänger für Schweine oder Kühe transportiert?
Pferde reagieren besonders auf Hänger, in denen vorher Schweine transportiert wurden. Dies kann sogar bis zur totalen Verweigerung führen. Deshalb fahren Sie also Pferde bitte nicht in Hängern, in denen regelmäßig Schweine oder Kühe befördert werden. Vor dem Verlade-Training sollten Sie den Hänger (egal ob den eigenen oder den früheren Schweine-Hänger) gründlich reinigen, desinfizieren und danach mit einer Kamillelösung auswaschen. Umrunden Sie den Hänger und lassen Sie Ihr Pferd ausgiebig daran riechen. Bauen Sie Vertrauen auf (TEF-Training), überzeugen Sie Ihr Pferd durch ruhiges Training, damit es wieder in den Hänger geht (10 Punkte-Programm). Unterstützen Sie den Lernprozess (Bachblüten). Und vergessen Sie nicht, das Pferd viel zu loben.

Ihr Pferd ist halb blind oder blind?
Sofern aus tierärztlicher Sicht nichts dagegen spricht, können Sie vorsichtig mit Ihrem Pferd am Hänger trainieren. Meist steigen halb blinde Pferde schräg ein. Deshalb sollten Sie auf jeden Fall Strohballen an der Seite aufstellen (TEF-Training). Durch verschiedene Bodenarbeitsübungen sollten Sie die Balance und die Koordination Ihres Pferdes schulen. Arbeiten Sie auch auf der blinden Seite mit Ihm und geben Sie deutliche Sprachkommandos, die Sie vorher auf der sehenden Seite benutzt haben.

Ihr Pferd wurde bisher immer nur zu »Schmerz-Terminen« gefahren? (Fahrt zur Tierklinik, kastrieren, Zähne raspeln etc.)
Bauen Sie Vertrauen auf (TEF-Training), (10 Punkte-Programm) anschließend kurze Fahrten mit einem Happy End: zum Beispiel spazieren gehen, sich von unterwegs abholen lassen und nach Hause fahren, von einer Weide zur anderen fahren oder mit einem guten Freund zusammen fahren.

Ihr Pferd wurde beim vorherigen Transport mit Druck von hinten verladen?
Trainieren Sie verschiedene Bodenarbeitsübungen, bauen Sie Vertrauen auf (TEF-Training) und trainieren Sie Ihr Pferd mit dem Druckhalfter, anschließend beschäftigen Sie sich mit dem 10 Punkte-Programm. Vor allen Dingen dürfen Sie nie wieder Ihr Pferd mit Druck von hinten verladen oder verladen lassen. Beobachten Sie die Ohren Ihres Pferdes: Gehen sie vor der Rampe aufrecht gestellt nach hinten, können Sie sehen, dass Ihr Pferd sich wieder auf die Hinterhand konzentriert und darauf achtet, was ihm nun von dort droht, anstatt sich nach vorne zu konzentrieren. Gehen Sie auf Nummer sicher, dass während Ihres Verlade-Trainings keine Personen am Hänger stehen, hinter dem

Pferd hergehen oder plötzlich seitlich auftauchen.

Ihr Pferd wurde beim vorherigen Transport brutal verladen?
Gehen Sie sicher, dass keine Schäden zurückgeblieben sind (Tierarzt/Osteotherapeut). Trainieren Sie mit einem Druckhalfter. Lassen Sie sich viel Zeit beim 10 Punkte-Programm – je nach Reaktion des Pferdes auf den Hänger empfehle ich, einen Profi zu konsultieren, der das Pferd ohne Gewalt und Stress verlädt. Versuchen Sie, so oft wie möglich bei diesem Training anwesend zu sein, damit Sie a) sicher gehen, dass Ihr Pferd wirklich gewaltlos trainiert wird und b) damit Sie danach auch selbst die Handgriffe zum Verladen beherrschen.

Sie haben Ihr Pferd aus einem Schlachtpferdetransport?
Solche Transporte sind meist mit einer sehr langen Fahrtstrecke und extremen Strapazen für das Pferd verbunden. Nachdem Tierarzt und Osteotherapeut Ihr Pferd durchgecheckt haben, können Sie nach einer Eingewöhnungsphase von zwei bis drei Wochen mit dem Verlade-Training beginnen. Achten Sie auf eine besonders ruhige Atmosphäre und beginnen Sie mit dem TEF-Training. Danach arbeiten Sie mit dem Pferd am Boden, eventuell auch an der Doppellonge. Sorgen Sie für viel Entspannung zwischendurch. Fangen Sie langsam an, das Pferd mit dem Druckhalfter vertraut zu machen. Steigern Sie sich bis zum 10 Punkte-Programm. Unterstützend können Sie Bachblüten verabreichen. Lassen Sie sich gründlich beraten.

Sie haben erkannt, dass Sie unsensibel Gespann-Fahren?
Lesen Sie sich die Gespann-Fahr-Tipps durch und buchen Sie einen Hängerfahrkurs in einer Fahrschule oder beim ADAC. Schulen Sie das Gleichgewicht Ihres Pferdes durch Bodenarbeitsübungen und trainieren Sie nach dem 10 Punkte-Programm kurze Fahrtstecken mit Ihrem Pferd.

Ihr Pferd kommt aus den USA oder Kanada und wurde per Lufttransport befördert.
Bei Pferden aus den USA und Kanada fällt auf, dass sie keine Hänger mit Rampen kennen. In Nordamerika sind Pferdehänger fast ausschließlich so konstruiert, dass die Pferde mit einem Schritt in den Hänger steigen müssen. Stellen Sie sich einfach unsere Hänger ohne Rampe vor. Treffen diese Pferde dann auf einen europäischen Hänger, sind sie zuerst irritiert und lassen sich nur ungern oder gar nicht über die Rampe verladen. Nach langen Transporten aus Übersee sollten Sie besonders auf das Shipping Fever achten. Wenn möglich, sollten Sie diese Pferde erst einmal ein paar Wochen nicht transportieren und mindestens eine Woche nur im Schritt arbeiten. Beginnen Sie dann langsam das Training, z. B. mit einer Bodenarbeitsübung, führen über eine Palette oder Holzbrücke. Erlangt Ihr neues Pferd langsam Vertrauen zu Ihnen, wird es sich auch bald mit Hilfe des 10 Punkte-Programms mit Rampe verladen lassen.

Sie haben ein junges Pferd oder eine Stute mit Fohlen?
Versuchen Sie, mit jungen Pferden besonders vorsichtig zu fahren. Überlegen Sie, wie Sie gerade die ersten Transporte positiv gestalten können! Folgerichtig wird ein Pferd nicht beim ersten Transport in die Klinik zum Kastrieren oder Zähneraspeln gefahren. Oder das Fohlen von der Mutter getrennt und zur stressigen Fohlenschau gefahren. Vorausschauendes Handeln beugt späteren Verlade-Problemen vor! Üben Sie mit Ihrem Pferd

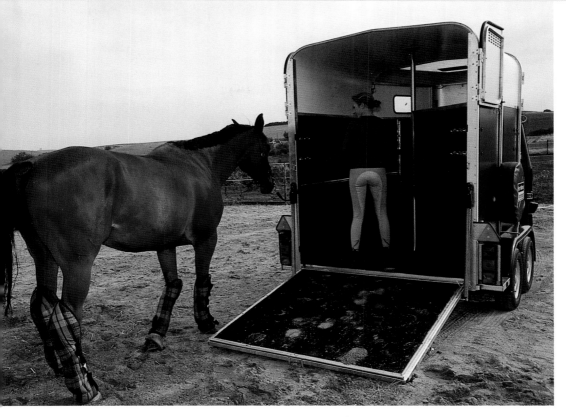

■ **Problem: Vorbeilaufen. Trainieren Sie nach dem 10 Punkte-Programm mit Strohballen und steigern dann langsam den Schwierigkeitsgrad.**

das 10 Punkte-Programm. Wenn ein Fohlen mit dabei ist, achten Sie besonders darauf, das Training sehr kurz zu gestalten!

Ihr Pferd hat Klaustrophobie?
Haben Sie beobachtet, dass Ihr Pferd Probleme hat wenn es durch enge Türen oder Tore gehen soll? Wenn etwas seine Hinterhand oder seine Sprunggelenke streift? Wenn Sie es in der Box mit der Hand an seinem Bauch gegen die Boxenwand drücken? Dann haben Sie ein Problem! Stellen Sie sich darauf ein, dass Sie ein langwieriges Training vor sich haben. Beginnen Sie Ihre Arbeit mit einer »falschen Hand«. Das ist ein Stock, an dessen Ende ein ausgepolsterter Handschuh steckt. Damit kann man die Sprunggelenke und den

Bauch des Pferdes desensibilisieren. Immer wenn Ihr Pferd die Berührung zulässt, nehmen Sie die »Hand« weg und loben Ihr Pferd.
Trainieren Sie überwiegend Bodenarbeitsübungen, bei denen Sie Ihr Pferd z. B. durch Strohballen-Gassen führen, die Sie immer enger stellen. Haben Sie den Eindruck, dass diese Übungen gut beherrscht werden, können Sie langsam zum 10 Punkte-Programm übergehen. Allerdings würde ich dies nur mit einem Hänger mit Frontausstieg empfehlen, schon Ihrer Sicherheit wegen.

Ihr Pferd lässt sich nicht anbinden?
Dass man sein Pferd überall anbinden kann, ist eine Grundvoraussetzung für das Stehen

> **»Verladehilfen« und was sie bewirken**
>
> Inzwischen gibt es auf dem Zubehör-Markt so genannte Verladehilfen zu kaufen. Ich bin der Meinung es gibt eine Ursache für jedes Symptom und es gilt an der Ursache zu arbeiten. Verladehilfen sind etwas für Faule, die eine – augenscheinlich – schnelle Hilfe haben wollen. Ich weiß aus Erfahrung, dass Verladehilfen das Verlade-Problem des Pferdes eher noch vergrößern. Alle mir bekannten Verladehilfen basieren auf Druck auf die Hinterhand des Pferdes. Das Pferd soll reingeschoben oder von vorn reingezogen werden. Druck erzeugt aber Gegendruck bei Pferden und wenn Sie nicht gelernt haben, sich davon zu befreien, fühlen Sie sich schnell eingeengt und geraten in Panik. Ich möchte nicht abstreiten, dass man durchaus erfolgreich mit dieser Methode sein kann. Ein gezieltes Verlade-Training ersetzt sie jedoch nicht. Gefährlich kann es werden, wenn bereits ein Pferd im Hänger angebunden ist und Sie Ihr in der Verladehilfe fest vertäutes Pferd in Richtung Innenraum schieben. Gerät ein Pferd in Panik, ist guter Rat teuer, denn der Weg nach hinten ist abgeschnitten. Die Ursache des Verweigerns herauszufinden, sollte die Pflicht eines jeden Besitzers sein!

im Hänger. Konnten Sie bereits beobachten, dass Ihr angebundenes Pferd bei verschiedenen Gelegenheiten in Panik geriet? Hat es schon des Öfteren Stricke zerrissen? Wenn ja, dann müssen Sie erst das sichere Anbinden trainieren. Danach können Sie das Training am Hänger beginnen.

Was-Wenn-Nachschlagewerk

Dieses Nachschlagewerk soll Sie durch Ihren Verlade-Alltag führen. Es gibt nicht nur Antworten auf die häufigsten Fragen, sondern regt zu gezielten Übungen an. Die hier gegebenen Empfehlungen beruhen auf Erfahrungsbasis, sind jedoch keineswegs repräsentativ. Ausnahmen bestätigen die Regel oder wie man im Rheinland sagt: »Jeder Jeck ist anders«.

Mein Pferd steigt am Hänger.

Da es Sturheit bei Pferden nicht gibt, müssen wir also davon ausgehen, dass unser Pferd einen berechtigten Grund hat, den Hänger nicht zu betreten, sondern davor zu steigen. Als erstes sollten Sie an Ihre Sicherheit denken: Wenn Sie sich überhaupt zutrauen, ein Pferd zu trainieren, das ständig am Hänger steigt, sollten Sie zu Ihrem Schutz eine Kappe tragen. Das ist vielleicht nicht schick aber immer noch besser, als den Rest Ihres Lebens im Rollstuhl zu sitzen. Auch müssen Sie beim Training auf weichen und rutschfesten Untergrund achten, wie z. B. Sand- oder Hallenboden. Auf jeden Fall sollte das Überschlagen des Pferdes durch Arbeiten mit ganz wenig Druck und rechtzeitigem Nachgeben an der Longe verhindert werden. Richten Sie das Pferd konsequent (und emotionslos) nach jedem Steigen rückwärts oder führen Sie es in einem kleinen Kreis wieder zur Ausgangsposition zurück. Schnell wird es merken, dass Steigen weitere Arbeit bedeutet. Da Pferde aus Erfahrung lernen und auf einen wirtschaftlichen Energiehaushalt achten, wird es das Steigen bald unterlassen. Natürlich gehe ich davon aus, dass keine gesundheitlichen Probleme bei dem Pferd bestehen. Loben Sie Ihr Pferd für jeden Schritt, den es ohne Steigen vorwärts geht. Achten Sie besonders auf ein kurzes Training.

Mein Pferd läuft am Hänger vorbei.
Bauen Sie für das Training mit dem »Ausbrecher« auf jeden Fall eine Strohballen-Gasse vor dem Hänger auf, die Sie und das Pferd auf den Hänger zuführt. Achten Sie darauf, dass Ihnen Ihr Pferd folgt. Will es ausbrechen, richten Sie es vier Schritte rückwärts. Loben Sie es, wenn es an den ehemals ris-

kanten Stellen artig neben Ihnen geht. Sehen Sie auch nochmals unter dem Abschnitt »Pferdetypen und Menschentypen nach«. Kann es sein, dass Sie zu schnell gehen?

Mein Pferd gerät im Hänger in Panik.
Panisches Verhalten im Hänger muss genau untersucht werden. Die isolierte Aussage »Mein Pferd bekommt Panik im Hänger«, ist für eine Diagnose wertlos. Es gilt auch hier wieder zu beobachten: Wann tritt die panische Reaktion auf, und wie genau äußert sie sich? Gerät das Pferd schon beim Betreten der Rampe oder des Innenraumes in Panik? Oder erst wenn es angebunden wird? Geht die Panik los, wenn die hintere Stange eingehakt wird, der Mensch weggeht oder die

■ **Problem: Seiteneinsteiger. Suchen Sie erst nach der Ursache: Liegt ein medizinisches Problem vor? Ist das Pferd das Einsteigen ohne Rampe gewöhnt? Ist das Pferd halb blind? Beginnen Sie erst dann mit der Korrektur nach dem 10 Punkte-Programm.**

Klappe geschlossen wird? Wird das Pferd erst panisch, wenn der Motor angelassen wird oder das Gespann losfährt? Um auszuschließen, dass Ihr Pferd klaustrophobisch ist, sollten Sie die entsprechenden Übungen machen und vorab häufig in der Strohballen-Gasse trainieren. Haben Sie herausgefunden, wann genau Ihr Pferd Panik bekommt, müssen Sie wieder schrittweise vorgehen. Wenn Sie Ihr Pferd soweit haben, dass Sie es transportieren können, ist eine Videokamera zur Überwachung während der Fahrt sehr nützlich.

Mein Pferd hat Panik beim Anbinden im Hänger.
Bitte arbeiten Sie in diesem Fall den Punkt über das Anbinde-Training gründlich durch, bevor Sie weitere Verlade-Versuche unternehmen! Gefährliche Situationen ergeben sich schon, wenn das Pferd nur an einem Balken angebunden ist. Richtig tragisch kann es jedoch werden, wenn das Pferd im Hänger beim Anbinden Panik bekommt und anfängt zu toben. Erfahrungsgemäß reißen viele Anbinde-Ketten an den Ringen, was wiederum eine hohe Verletzungsgefahr bedeutet. Ich habe einmal miterlebt, wie der Sicherheitskarabiner zu spät aufgegangen ist. Das tobende Pferd hatte schließlich beide Vorderbeine über der Frontstange. Glücklicherweise war dieser Hänger mit einer von außen zu bedienenden Paniksicherung ausgerüstet und die Frontstange fiel herunter.

Mein Pferd steht stundenlang mit den Vorderbeinen auf der Rampe.
Scheint Ihr Pferd in Beton gegossen, wenn es erst einmal die beiden Vorderbeine auf der Rampe hat, gilt es hier, diese Position unangenehm zu gestalten. Arbeiten Sie mit wenig Druck an der Longe, nehmen dabei die Longe beständig an und geben dann wieder nach. Dabei gehen Sie im Hänger hin und her, also

von rechts arbeiten Sie sich mit mehreren Schritten an die linke Hängerwand. Achten Sie darauf, dass Ihnen Ihr Pferd immer mit dem Kopf folgt. Bald wird dies dem Pferd zu unangenehm, und ein erster Schritt wird folgen. Achten Sie ganz genau auf das kleinste Muskelzucken der Vorderbeine. Wenn Sie erkennen, dass Ihr Pferd vorwärts gehen will, bleiben Sie zur Belohnung stehen.

Mein Pferd bleibt in der Mitte des Hängers stehen.
Meistens wurde in diesen Fällen mit Futter gelockt. Das Pferd hat gelernt, zur Hälfte in den Hänger zu gehen, sich ein paar Brocken zu schnappen und ganz schnell wieder hinaus zu trippeln. Um diese unerwünschte Eigenart zu korrigieren, sollte auf keinen Fall weiter mit Futter am Hänger gearbeitet werden. Trainieren Sie mit Ihrem Pferd nach dem 10 Punkte-Programm und dem Come-Along-Schema. Versuchen Sie, jeden Tag ein kleines Stück weiter in den Hänger zu kommen. Beenden sie das Training frühzeitig und sparen Sie nicht mit Ihrem Lob. Überprüfen Sie, ob Ihr Pferd sich gut rückwärts richten lässt. Dies kann ein weiterer Aspekt sein, weshalb Ihr Pferd nur halb in den Hänger geht. Wenn Sie die Möglichkeit haben, sollten Sie an einem Hänger mit Frontausstieg trainieren.

Mein Pferd trampelt im Hänger.
Hier ist eine Videokamera der beste Kontrolleur. »Wann beginnt das Pferd zu trampeln?«, ist die zentrale Frage. Sind Probleme mit der Balance der Auslöser? Dann müssen Sie mit gezielten Bodenarbeitsübungen daran arbeiten. Werden die Balanceprobleme durch ein medizinisches Problem, wie verschobene Wirbel, die dem Pferd nur unter Schmerzen ermöglichen, sich bei der Fahrt auszubalancieren, ausgelöst? Dann sollten Sie auf jeden Fall einen Tierarzt und/oder Osteotherapeu-

ten aufsuchen. Tritt das Trampeln plötzlich bei der Hängerfahrt auf und ist sonst für Ihr Pferd ungewöhnlich, sollten Sie umgehend an einem sicheren Ort anhalten und nachsehen, was los ist.

Mein Pferd ist nach der Fahrt völlig nassgeschwitzt.

Hängerfahren bedeutet immer Stress für Pferde, selbst wenn Sie scheinbar gelassen den Transport über sich ergehen lassen. Ist Ihr Pferd nach jeder Fahrt schweißnass, lesen Sie bitte den Abschnitt über »Stress im Hänger« und »Shipping Fever«. Sie sollten unbedingt den Flüssigkeitsverlust Ihres Pferdes auffangen, da sich daraus Folgeerkrankungen ergeben können. Achten Sie darauf, immer eine leichte Decke mitzunehmen, damit sich Ihr Pferd beim Ausladen nicht unterkühlt. Trainieren Sie öfter und fahren Sie dabei kleinere Strecken. Angenehm ist, wenn Sie Ihr Pferd z. B. von Weide zu Weide fahren können.

Mein Pferd lässt sich nur von zwei Personen verladen.

Bedenken Sie, dass eine weitere Person ein Sicherheitsplus bedeutet. Gerade bei verladeunsicheren Pferden ist es beruhigend, eine weitere Person an seiner Seite zu wissen. Müssen oder wollen Sie allein verladen, sollte Ihr Pferd auf jeden Fall anbindesicher sein, ruhig alleine stehen können und an den Hänger gewöhnt sein. Alleine zu verladen, können Sie ebenfalls nach dem 10 Punkte-Programm trainieren: Führen Sie Ihr Pferd in den Hänger, und schlingen Sie den Strick locker um die Frontstange. Gehen Sie dann außen am Hänger zur Heckstange, und schließen Sie diese. Binden Sie nun Ihr Pferd fest und schließen dann erst die Heckklappe. Beim Ausladen wird es umgekehrt gemacht. Zuerst wird die Heckklappe heruntergelassen, das Pferd los-

gebunden und die Heckstange geöffnet. Wenn Ihr Pferd daran gewöhnt ist, clippen Sie eine Longe am Halfter ein, nachdem Sie Ihr Pferd losgebunden haben. Wenn Sie die Heckstange öffnen, haben Sie dann Ihr Pferd dank der Longe wieder unter Kontrolle. Außer in Notfällen, sollten Sie den Ort, an dem Sie verladen, immer gründlich aussuchen. Verladen wird nicht auf Asphalt. Wenn möglich, sucht man einen umfriedeten Bereich auf, der dem Pferd nach hinten genügend Platz lässt. Einfacher geht's auch hier mit einem Frontausstieg.

Mein Pferd lässt sich nur von einer bestimmten Person verladen.

Fragen Sie sich selbstkritisch, warum sich Ihr Pferd nur von dieser bestimmten Person verladen lässt. Was hat diese Person, was ich nicht habe? In 99 % der Fälle handelt es sich um »Führungskompetenz«. Betrachten Sie Ihre Haltung im Spiegel. Schließen Sie die Augen und verladen Sie im Geiste Ihr Pferd. Öffnen Sie die Augen und betrachten Sie Ihre Köperhaltung. Stehen Sie aufrecht oder eher gebückt und abwartend? Stellen Sie hier nichts Besonderes fest, überlegen Sie, welche Beziehung Sie zu Ihrem Pferd haben. Haben Sie Angst davor, dass Ihrem Knuddelbär beim Verladen etwas passieren könnte? Dann arbeiten Sie mit Hilfe des TEF-Trainings an einer neuen vertrauensvollen Basis, bei der Sie aber nun die Führung übernehmen. Beobachten Sie die bestimmte Person ganz genau und registrieren Sie, wie Ihr Pferd auf diese Person reagiert. Zusätzlich sollten Sie mit Ihrem Pferd die Führübungen im Abschnitt »Feine Führschule« durcharbeiten.

Mein Pferd geht nur schräg rückwärts.

Üben Sie unbedingt bei der Bodenarbeit, das Pferd gerade rückwärts zu richten. Beherrscht Ihr Pferd dies am Boden, ist es kein Problem, dies auch an der Rampe umzusetzen. Trainieren Sie am Hänger mit Strohballen, dass erschwert Ihrem Pferd den Seitwärtsdrang. Problematisch wird es für die »Rückwärtsgeher« immer dann, wenn Sie mit einem Bein/Huf von der Rampe rutschen und somit das Gleichgewicht verlieren. Geben Sie dann auf jeden Fall an der Longe nach. Ziehen Sie störend daran, wird Ihr Pferd weiter aus dem Gleichgewicht gebracht und sich unter Umständen erheblich verletzen.

Mein Pferd geht gar nicht rückwärts.
Checken Sie ab, woran dies liegen kann: »Führerproblem«, Gebäudefehler, medizinisches Problem oder mangelndes Training? Ohne seinen Rückwärtsgang wird Ihr Pferd nur schlecht zum Verladen zu bewegen sein. Spätestens bei einem Hänger ohne Frontausstieg holt Sie dieses Problem ein. Wie bekommen Sie das Pferd wieder aus dem Hänger? Bestehen Probleme beim Rückwärtsgehen, macht sich dies meist durch Untersetzen der Hinterhand und Zittern der Hinterbeine bemerkbar. Zwingen Sie dann ein Pferd zum rückwärtigen Aussteigen, ist ein Unfall meist programmiert. Durch mangelnde Koordination stürzen und überschlagen sich solche Pferde. Das nächste Verladen wird zum Geduldsspiel. Also auf geht's und rückwärts üben!

Mein Pferd lässt sich nur blind verladen.
Wenn sich Ihr Pferd nur mit Kapuze verladen lässt und Sie dies ändern möchten, so arbeiten Sie an der Vertrauensbasis zu Ihrem Pferd. Dieses Problem taucht bei Reitern auf, die zuwenig Zeit, aber viel Herz haben. Das Pferd geht mit, aber nur blind. Versuchen Sie, sich etwas mehr Zeit für Ihr Pferd zu nehmen und probieren Sie das TEF-Training aus. Um den Trainingsplan abwechslungsreicher zu gestalten, sollten Sie verschiedene Bodenarbeits-Übungen einbauen.

Mein Pferd steigt im Hänger.
Hatten Sie bereits das Problem, dass Ihr Pferd im Hänger gestiegen ist und sich dabei verletzt hat? Versuchen Sie sich zu erinnern, was der Auslöser war: Druck von hinten, plötzliches Geräusch (auch Klappern von Anbinde-Ketten an der Hängerwand) etc. Vermeiden Sie diese Sachen und trainieren nach dem 10 Punkte-Programm. Benutzen Sie auf jeden Fall eine Verladekappe aus Leder, die den Kopf Ihres Pferdes schützt. Lassen Sie Gelenkblockaden von Tierarzt oder Osteotherapeuten untersuchen. Erfolg im Training gelingt nur durch genaues Beobachten und frühzeitiges Abbrechen. Das heißt genau den Moment abpassen, bevor Ihr Pferd steigt. Arbeiten Sie mit wenig Druck und loben Sie Ihr Pferd oft. Machen Sie vor dem Verlade-Training einen ausgedehnten Spaziergang/-ritt durch das Gelände. Das entspannt und löst die Muskeln.

Ich muss zwei Hengste verladen bzw. zwei Pferde, die sich nicht gut verstehen.
Müssen Sie unbedingt zwei Hengste bzw. zwei Pferde gleichzeitig fahren, die sich nicht verstehen, so rüsten Sie den Hänger auf jeden Fall mit einem Hengstgitter aus. Es verhindert, dass sich die Streithähne vorne wilde Beißereien liefern können. Zur weiteren Sicherheit ist eine Videokamera von Vorteil. Zuerst verladen werden sollte der Streitunlustigste bzw. derjenige, der nicht so stark nach hinten austritt.

Ich muss mein Pferd in einen LKW verladen.

Im Allgemeinen steigen Pferde lieber in einen LKW ein als in einen kleinen Zwei-Pferde-Hänger. Das Problem bei den meisten Pferde-LKW ist jedoch, dass sie eine sehr steile Rampe in den Innenraum haben, die das Pferd erst einmal erklimmen muss.

Pferde mit Rückenproblemen werden hier leicht verweigern. Es muss unbedingt auf eine rutschfeste Rampe geachtet werden. Es sollte sich keine Nässe, Sand oder ähnliche Materialien auf der Rampe ansammeln. Beim Hochführen müssen Sie unbedingt fleißig an der Seite des Pferdes mitgehen. Bleiben Sie nicht auf der Rampe stehen. Seien Sie darauf gefasst, dass Ihr Pferd den letzten Absatz in den Hänger mit einem großen Sprung nimmt (ebenso beim Herausführen!). Stehen mehrere Pferde in dem LKW, achten Sie darauf, dass alle ordentlich angebunden sind und sich nicht gegenseitig verletzen können. Schauen Sie nach frei schwingenden Trennwänden und befestigen Sie diese. Das kommt z. B. vor, wenn der LKW nicht ganz voll ist. Kennen Sie die »Mitreisenden« nicht, lassen Sie sich auf jeden Fall den Impfpass zeigen und das Ziel der Reise nennen.

Ich muss Stute mit Fohlen verladen.

Auch für ein Fohlen gibt es schon Gründe, im Hänger gefahren zu werden. Der häufigste Grund ist sicher die Fohlen-Schau. Lässt sich die Mama schon nicht verladen, so gibt es für die Kleinen auch keinen Grund, in den Hänger zu steigen. Besonders problematisch wird es, wenn Stute und Fohlen getrennt werden, also wenn der kleine Ausreißer lieber noch mal eine Runde auf der Weide bockt und Mutti schon im Hänger steht. Am besten verladen Sie Stute und Fohlen in einen Hänger mit Frontausstieg. Bei Panik im Hänger ist so immer noch der Weg nach vorne frei. Sicherer ist es hierbei – als eine absolute Ausnahme – wenn man mit mehreren Helfern arbeitet. Das Ziel sollte es sein, die Stute und das Fohlen gleichzeitig in den Hänger zu bekommen. Dabei kann ein Helfer den Frontausstieg blockieren, während ein anderer Stute und Fohlen hineinführt. Ein dritter geht von hinten passiv mit und achtet darauf, dass das Fohlen auch wirklich mit in den Hänger geht. Sonst sollte er den Führer über Zuruf informieren. Die Stute wird so angebunden, dass sie sich mit dem Kopf zu dem Fohlen hindrehen, aber keinesfalls so lang, dass sie sich im Seil verwickeln kann.

Einige neue Anhänger bieten die Möglichkeit, die Plastikmatte der Trennwand auszuknüpfen, so dass das Fohlen Zugang zum Euter hat. Die Stute wird durch den Mittelholm noch gestützt.

Der Transporter muss unbedingt mit einem Fohlengitter ausgerüstet sein. Die Fahrweise sollte so vorsichtig sein, als hätten Sie 1000 rohe Eier in Ihrem Auto. Nach meiner Meinung unerlässlich ist bei einem solchen Transport die Überwachung über Video vom Zugfahrzeug aus!

Ich habe keinen Hänger und muss ein Transportunternehmen beauftragen.

In Pferdezeitschriften findet man inzwischen Adressen von Fuhrunternehmen, die Pferde transportieren – sogar im 24 Stunden-Notdienst. Vorab gilt es jedoch abzuklären, ob es ein seriöses Unternehmen ist oder ob sich jemand nebenbei einen schnellen Euro verdienen möchte. Lassen Sie sich auf jeden Fall eine beglaubigte Kopie des Sachkundenachweises zeigen. (Weitere Informationen zum Sachkundenachweis erhalten Sie auf Seite 138). Weiterhin müssen Sie entscheiden, ob Sie Ihr Pferd im Einzel- oder Sammeltransport fahren lassen möchten. Beim Sammeltransport sollten Sie sich Fahrtzeit und Fahrtroute bestätigen lassen, damit Ihr Pferd nicht unnötig lange im Transporter steht und womöglich als Letzter bei einer Fahrt »über die Dörfer« ausgeladen wird. Seriöse Transporteure nehmen auch nur Pferde mit Impfpass mit.

Ich muss ein krankes Pferd verladen.

Muss ein krankes Pferd transportiert werden, gilt für das Verladen natürlich wie für den Transport: so schonend wie möglich. Vorteilhaft ist hier eine Videoüberwachung, denn bei kranken und geschwächten Pferden besteht immer die Gefahr eines Kollapses. Wer dies früh genug erkennt, kann sein Pferd meist noch retten. Bei ansteckenden Krankheiten sollte natürlich kein zweites Pferd im Hänger mitfahren. In allen übrigen Fällen kann es sogar besser sein, einen Stallgefährten mitzunehmen. Achten Sie besonders auf gute Belüftung im Hänger. Es darf jedoch keine Zugluft entstehen. Holen Sie sich vorab telefonisch Rat beim Tierarzt. Dieser sagt Ihnen, ob Sie das Pferd eindecken müssen. Eine Decke sollte auf jeden Fall mitgenommen werden.

Ich muss ein verletztes Pferd verladen.

Versorgen Sie Ihr Pferd vor dem Transport soweit, dass eine evtl. Blutung zum Stillstand kommt. Bedenken Sie auch hier die Gefahr durch Kollabieren. Rufen Sie vorab in der Klinik an, beschreiben Sie die Art der Verletzung, und kündigen Sie Ihr Kommen an. Ziehen Sie – wenn möglich – noch vor der Fahrt einen Tierarzt hinzu, der dem Pferd ein schmerzlinderndes Mittel verabreicht. Muss Ihr Pferd sediert werden, ist der Transport sehr risikoreich, da sich ein sediertes Pferd kaum oder nicht mehr ausbalancieren kann. Weitere Verletzungsgefahr durch stürzen ist hier gegeben! Ziehen Sie in diesem Punkt unbedingt einen Tierarzt zurate.

Ich muss ein junges Pferd fahren, dass weder den Hänger kennt noch sich anbinden lässt.

Ist diese Situation wirklich unvermeidbar, können Sie ausnahmsweise wie folgt verfahren: Entnehmen Sie die Trennwand und alle anderen losen Gegenstände wie Anbinde-Ketten etc., streuen Sie für diesen Fall (und nur für diesen!) den Hänger mit Stroh aus. Führen Sie das Pferd mit viel Geduld in den Hänger. Am besten parken Sie den Hänger, wenn möglich, gleich vor der Box. Ist das Pferd im Hänger verschließen Sie alles sorgfältig (auch die hintere obere Klappe!). Fahren Sie besonders vorsichtig. Ihr Pferd ist nicht angebunden und muss sich während der Fahrt im Hänger ausbalancieren. Auf keinen Fall dürfen Sie ein Pferd, dass das Anbinden noch nicht kennt, im Hänger festmachen.

Mein Pferd schießt rückwärts aus dem Hänger.

Bei verladeunsicheren Pferden wird diese Problematik des Öfteren beobachtet. Ist die Einladeprozedur endlich mit dem letzten Huf beendet, beginnt das Pferd bereits selbständig mit dem Ausladen und ein Festbinden ist unmöglich. Gehen wir zuerst auf die Ursachen ein, bevor ich Ihnen die Lösungen schildere: a) Abzuklopfen gilt in diesem Fall unbedingt, ob eine Anbinde-Unsicherheit zu dem Problem führt. b) Weiterhin ist es möglich, dass das Pferd sehr groß und der Hänger sehr klein ist, also hat das Pferd den Eindruck, dass es sich ducken muss, um in den Hänger zu steigen. c) Ein anderer Grund könnte sein, dass es sich durch bestimmte Geräusche gestört fühlt, die es beim Einsteigen verursacht, also z. B. schlagende Anbinde-Ketten oder rappelnde Zwischenwände. d) Hatten Sie den Anhänger auf der Weide platziert, damit Ihr Pferd sich an ihn gewöhnen konnte, hat es sich vielleicht angewöhnt, zur Hälfte in den Hänger zu steigen, sich ein paar Happen Futter zu holen und gleich wieder auszusteigen. e) Oder ist Ihr Pferd aufgrund medizinischer Probleme nicht in der Lage, sich im Hänger auszubalancieren? Dies ist eng verknüpft mit Punkt f) Ihr Pferd hat bereits schlechte Erfahrungen im Hänger gemacht und hat diese abgespeichert.

Kommen wir nun zu den Möglichkeiten des Trainings und der Beseitigung des Problems. Fragen Sie sich vorab wieder, ob Sie sich in der Lage fühlen, dieses Training durchzuführen, oder ob Sie das Pferd lieber in die Hände eines erfahrenen Profis geben wollen. Denn der kleinste Fehler in Ihrer Körperhaltung, Ihre Angst oder ein falscher Blick können das Vorankommen behindern und sogar stoppen.

Einige Trainer beseitigen das Problem des nach hinten Herausschießens mit Eisengittern oder Panels, die sie hinter dem Pferd schließen. Das heißt neben dem Hänger sind rechts und links Panels angebracht, die geschlossen werden, wenn sich das Pferd im Inneren des Hängers befindet. Dies hat zur Folge, dass das Pferd beim Herausschießen in diese Panels kracht und durch den Kontakt mit der Hinterhand sofort wieder nach vorne geht. Zwei- bis dreimal angewandt hat das Pferd gelernt, dass es besser stehen bleibt, als rückwärts in die Absperrung zu laufen.

Aus zwei Gründen möchte ich Ihnen diese Methode nicht empfehlen. Erstens: Unter Laien wird sich niemand finden, der gekonnt im richtigen Moment die Panels schließt und dann auch noch beherzt gegenhält, wenn das Pferd rückwärts auf ihn zuschießt. Ebenso muss der richtige Moment abgepasst werden, wann wieder geöffnet werden kann. Es bedarf also eines eingespielten Teams, um hier keine Verletzungen bei Mensch und Pferd herbeizuführen. Zweitens bin ich der Meinung, dass diese Art Training nicht für alle

Pferde unter den »Herausschießern« geeignet ist, da bei dieser Problemlösung mental einiges vom Pferd abverlangt wird. Die Gefahr, das Pferd »hängersauer« zu machen, ist größer als der Nutzen, den man durch Üben erreichen kann.

Ich möchte Sie noch einmal daran erinnern, wie wichtig Ihr Blick ist. Selbst wenn Sie bisher nicht die vorgeschlagenen Übungen mit Ihrem Pferd durchgeführt haben und es nicht auf Ihren Blick sensibilisiert haben, wird es trotzdem empfindlich auf Ihren Blick in seine Augen reagieren. Sehen Sie dem Pferd nicht in die Augen. Das ist für das Pferd das Zeichen zum Rückwärtsgehen, zur Flucht, zum schnelleren Laufen oder zum Abstoppen. Haben Sie herausgefunden, dass Ihr Pferd wegen eines Anbinde-Problems selbstständig aus dem Hänger geht, müssen Sie daran natürlich zuerst arbeiten.

Erkennen Sie, dass es unmöglich ist, Ihr Pferd mit einem Stockmaß von 1,80 m in einen kleinen Ein-Pferde-Hänger zu pferchen, dann leihen Sie sich doch für ein Wochenende einen LKW-Transporter aus und schauen Sie sich an, was Ihr Pferd dazu zu sagen hat. Eventuell bietet sich für Sie die Gelegenheit, bei einem Reitstall in Ihrem Ort, einen Transporter auszuleihen oder sogar auf dem Reitschul-Gelände zu trainieren. Vielleicht finden sich ja noch andere Interessierte, die auch gerne auf Turniere fahren würde, aber selbst Probleme mit dem Verladen haben.

Sind ungewohnte Geräusche die Ursache dafür, dass Ihr Pferd ausbüxt, dann gewöhnen Sie es bitte wie in den Bodenarbeitsübungen beschrieben an laute Geräusche und festigen Sie die Bindung zu Ihrem Pferd.

Ist Ihr Pferd mit all den Anforderungen überfordert, die Sie sich für es ausgedacht haben? Vielleicht braucht Ihr Pferd etwas mehr Abwechslung durch Ausritte und Kontakt zu anderen Pferden?

Haben Sie den Hänger auf die Weide gestellt, um Ihr Pferd daran zu gewöhnen und ist es immer nur bis zur Hälfte hineingegangen, ist es nun an der Zeit daran zu arbeiten, dass es ganz in den Hänger geht und darin bleibt. Trainieren Sie nach dem 10 Punkte-Programm. Halten Sie im Hänger leicht dagegen, wenn Ihr Pferd den ersten Versuch macht, rückwärts zu gehen. Fängt es an zu toben richten Sie es rückwärts und verlassen den Hänger gemeinsam!

Machen Sie es von der Situation abhängig, wie lange Sie gegenhalten. Fängt es an zu steigen, richten Sie es auf jeden Fall rückwärts. Können Sie es noch überzeugen, im Hänger stehen zu bleiben, wird es ausgiebig gelobt. Zögern Sie jedoch das Kommando zum Rückwärtsgehen nicht zu lange heraus, bevor Ihr Pferd es von alleine macht. Schwieriger wird das Ganze, wenn ein medizinisches Problem vorliegt. Lassen Sie Ihr Pferd von einem Tierarzt oder Osteotherapeuten untersuchen.

Hat Ihr Pferd ehemals schlechte Erfahrungen mit dem Hängertransport gesammelt, sind diese abgespeichert und müssen von neuen, positiven Erfahrungen überlagert werden.

Wichtig ist, dass Sie in kleinen Schritten vorangehen und Ihr Pferd viel loben. Nach meiner Erfahrung braucht das Training oft weniger Übungseinheiten als erwartet, wenn das Pferd einmal begriffen hat, dass man als verlässlicher Führer ihm das Verladen stressfrei und angenehm machen möchte.

Mein Pferd reißt sich los beim Führen vor/am/im Hänger.

Üben Sie bei der Bodenarbeit das Führen. Macht Ihr Pferd dann einen Versuch, sich loszureißen, geben Sie ihm etwas Longe, damit es sich zwei bis drei Meter neben Ihnen austoben kann. Nach ein paar Sekunden geben

Sie langsam Druck auf die Longe und holen Ihr Pferd wieder zu sich heran. Verdutzt wird es feststellen, dass es immer noch mit der Longe mit Ihnen verbunden ist. Steht es nun ruhig neben Ihnen, loben Sie es. Tobt Ihr Pferd aber vehement am anderen Ende der Longe weiter, muss es erst einmal arbeiten. Lassen Sie es mindestens fünf Runden und maximal zwei Minuten an der Longe galoppieren (natürlich nur auf geeignetem Boden). Schnell wird sich Ihr Pferd wieder auf die Schonung seiner Ressourcen besinnen und in ruhigen Schritt fallen. Loben Sie es und lassen es ein paar Sekunden ausruhen. Gehen Sie dann wieder los. Trippelt Ihr Pferd weiter neben Ihnen her, umrunden Sie den Hänger zwei- bis dreimal von beiden Seiten, bis Sie wieder ein harmonisches Miteinander aufgebaut haben. Das Wichtigste bei dem Problem »Losreißen« ist, dass Sie deutlich mit der Longe nachgeben. Ihr Pferd kann nur lernen, wenn Sie nicht andauernd an der Longe zerren und es nicht ständig Druck auf dem Halfter hat. Auch wenn es schwer fällt, geben Sie die Longe lang, und lassen Sie Ihr Pferd spüren, dass es viel angenehmer und schonender ist, wenn es ruhig neben Ihnen hergeht.

Notverladen in die Tierklinik.

Keinem Pferdehalter ist die Eilfahrt in die Klinik zu wünschen. Tritt dennoch ein Notfall ein, zahlt es sich aus, wenn man das Verladen geübt hat.

Trotzdem kann es vereinzelt vorkommen, dass sich ein Pferd in seinem Schockzustand weigert, in den Hänger zu steigen. Wenn wirklich Eile geboten ist, sollte man versuchen das Pferd blind zu verladen, d. h. mit einem Tuch über den Augen. Sie führen in diesem Fall das Pferd zuerst ein paar Mal im Kreis und dann in den Hänger. Auch hier kann es von Vorteil sein, wenn man einen ruhigen »Stallkollegen« zuerst einlädt und dann den Patienten dazustellt.

Verladen bei Nacht.
Verladen bei Katastrophen.
Ein Notfall tritt meist unerwartet und oft dazu noch in der Nacht ein. Mein Tipp: Legen Sie einen Notfallkoffer bereit, in dem Sie zwei Taschenlampen und alle Unterlagen, die zu Ihrem Pferd gehören, wie Equiden-Pass, Impfpass, Kaufvertrag, Papiere, Krankentagebuch etc. aufbewahren. Übrigens: In den USA und Kanada sind die meisten Pferdehalter darauf trainiert, ihre Pferde in Notfällen zu verladen. Dies aus zwei Gründen: Erstens dauert die Fahrt zur nächsten Tierklinik meist mehrere Fahrstunden. Zweitens ist man hier auch auf sonstige Katastrophen wie Erdbeben, Waldbrände, Tornados und Überschwemmungen eingestellt.

Verladen auf der Rennbahn
»Money makes the world go round« frei übersetzt: »Ohne Moos nix los«. Wo sonst, als auf der Rennbahn hat dieser Spruch mehr Gültigkeit? In der Rennsaison werden jedes Jahr Millionen umgesetzt, wenn die schlanken Vollblüter ihre Runden über den Turf drehen. Doch seit nicht mehr mit dem Band gestartet wird, sondern moderne Startmaschinen gleiche Bedingungen für alle sichern sollen, gibt es ab und zu ein Problem: Was, wenn das Millionen-Dollar-Pferd nicht in die Startmaschine geht? Bei Wiederholung droht Ausschluss und sogar Startverbot auf Lebenszeit. Als Zuschauer sieht man auf der Rennbahn doch immer wieder »Verlade-Spektakel« an der Startbox. Kapuzen werden herausgeholt, der Schweif hochgerissen oder fünf bis sechs »Kittel-Männer« schieben und pferchen das Pferd in seine Startposition. Pfiffige Trainer wissen spätestens seit Lomitas, dem berühmten Rennpferd aus dem Fähr-

hofgestüt, das sich zeitweilig komplett weigerte, die Startmaschine zu betreten, dass Startmaschinen-Training wichtig ist.
Besonders große Schwierigkeiten macht die Startbox den Pferden, die sensibel auf Berührungen an den Sprunggelenken reagieren. Das Problem: In jeder Startbox sind die Trittbretter in genau dieser Höhe angebracht. Eine Lösung z. B.: Die patentierte Monty-Roberts-Decke. Eine Art Teppich, die dem Pferd vor dem Start übergelegt und mit einem Schnappverschluss in der Startmaschine festgemacht wird. Sie schützt die empfindlichen Pferdebeine vor den Trittbrettern. Schnellt die Tür vorne auf und das Pferd schießt zum Rennen hinaus, bleibt die Decke in der Startbox. Einfach, aber genial! Hat das Pferd jedoch Platzangst in der engen Startbox, muss der Trainer intensiv mit seinem Schützling daran trainieren. Zusätzlich sollte ein Pferd, das an die Startbox gewöhnt ist, mitgehen. Mehrmaliges Durchführen durch die offene Startbox wirkt Wunder, ist aber im Trainingsplan eines Rennpferdes nicht alltäglich, denn leider ist die individuelle Behandlung von Rennpferden nicht bei allen Trainern – aus zeitlichen Gründen – möglich. Deshalb ist es durchaus sinnvoll, in solch einem Fall einen zusätzlichen Profi-Trainer zu engagieren, der eine Zeit lang mit dem Pferd an genau diesem Problem arbeitet.
Ein weiteres Problem: Das Verladen von Rennen zu Rennen. Meist werden die teuren Rösser in LKWs transportiert. Doch vor dem Einstieg in den LKW steht die steile Laderampe. Eine Krux für jeden Pfleger oder Betreuer, der »sein« Pferd nicht im Griff hat. Auch hier kann ich nur empfehlen, einen kompetenten Verlade-Trainer zu Rate zu ziehen. Das Problem liegt auf der Hand: Einem Rennpferd im Wert von mehreren Millionen Dollar oder Euro zieht man nicht so einfach ein Halfter über und führt mal eben ein Verlade-

Warum gibt es das nicht öfter?

Auf dem bayrischen Gut Holzem wurde eine ganz besondere Turnier-Disziplin angeboten: Alle Turnier-Teilnehmer mussten unter Beweis stellen, dass sie ihre Pferde sicher und gut verladen konnten. Funktionierte es nicht, gab es Punkt-Abzug, der auf den ganzen Tag angerechnet wurde. Sollte man diese Prüfung nicht überall einführen?

Training durch. In Zusammenarbeit mit Trainer und Besitzer muss das Verlade-Training möglichst in der rennfreien Zeit durchgeführt werden. Kontrolliert werden muss das Gewicht und der Flüssigkeitsverlust, um nicht den hoch trainierten Sportler Rennpferd aus dem Gleichgewicht zu bringen.

Die »letzte Fahrt«

Das Traurigste, was einem Pferdehalter bevorsteht, ist wohl die Fahrt zum Schlachthaus oder Abdecker. Aus vielen Berichten weiß ich, dass sich Pferde an genau diesem Termin schwer oder gar nicht verladen lassen. Sätze klingen mir im Ohr wie: »Der hat gewusst, wo ich ihn hinfahren wollte«. Natürlich hat er es gewusst, denn Pferde lesen unsere Körpersprache. Auch hier werden die betroffenen Besitzer ihr Pferd körpersprachlich nicht angelogen haben. Sie werden signalisiert haben: Eigentlich will ich dich nicht verlieren (verladen). Deshalb mein Tipp: Bitten Sie einen Bekannten, Ihr Pferd zu verladen. Trauen Sie es sich zu, dann begleiten Sie Ihr Pferd im Schlachthof bis zum Schluss. Können Sie dies nicht, so arrangieren Sie eine Begleitung, die Ihnen auf jeden Fall versichern kann, dass Ihr Pferd getötet wurde. Nur so können Sie sicher sein, dass Ihr Pferd nicht noch auf einen subventionierten Schlachtpferde-Transport durch halb Europa geschickt wird.

Richten Sie sich einen Verlade-Notfallkoffer ein!

Halten Sie für den Notfall einen kleinen Koffer bereit, in dem Sie alle wichtigen Unterlagen zu Ihrem Pferd aufbewahren

- Equiden-Pass
- Impfpass
- Papiere
- Krankentagebuch
- diverse Fotos des Pferdes
- zwei Taschenlampen
- Rescue-Tropfen
- Erste Hilfe Set: Schere, mehrere Baumwollbinden, ein Paar selbsthaftende Bandagen, Polsterwatte, saubere Tücher, Thermometer mit Kordel, sterile Plastiktüte für abgetrennte Körperteile, Liste mit PAT-Normalwerten
- Wichtige Telefonnummern und Adressen (Tierklinik, Tierarzt, 24-Stunden-Transportunternehmen)

Fallbeschreibungen

Verlade-Probleme kann man lösen! Daher möchte ich Ihnen folgende Fallbeispiel aus dem Alltag schildern.

Stopp vor der Rampe!

Hilago, ein siebenjähriger Island-Wallach, brachte seine Besitzerin Britta (alle Namen in diesen Fallbeispielen wurden geändert) zur Verzweiflung. Britta wollte mit ihrem Isi an Gangpferde-Turnieren teilnehmen und aus diesem Grund häufiger mit ihm wegfahren. An der Rampe war jedoch Schluss.

Zu Beginn unseres Training-Termins bat ich Britta mit Hilago in den Hänger zu gehen. Der Isländer stoppte tatsächlich an der Rampe. Danach nahm ich Hilago an die Longe und wie ich erwartet hatte, ging der Isländer in den Hänger.

Brittas Problem war, dass sie ihr Pferd mit ihrer Körpersprache regelrecht abstoppte. An der Rampe drehte sie sich um und sah ihr Pferd an. Sie wollte sich versichern, dass es ihr auch folgte. Oftmals standen dann beide bis zu einer Stunde vor der Rampe. Mal ging Hilago dann hinein, mal brach Britta ab, weil es ihr zu lange dauerte. Sie räumte ein, dass sie teilweise so wütend war, dass sie ungerecht zu Hilago wurde. Dann ging gar nichts mehr.

Wir arbeiteten ganz gezielt daran, dass Brittas Bewegungsablauf flüssig und rund wurde. Außerdem zeigte ich ihr, wie sie mit Hilago nach der freien Variante am Hänger arbeiten konnte. Britta konnte so tief in den Hänger gehen, während der Isländer (wie antrainiert) an der Rampe stehen blieb. Von innen konnte Britta das Pferd dann mit gezieltem Zupfen und Rechts-links-Gehen auffordern, zu ihr zu kommen. Ich hatte fünf Stunden angesetzt, doch nach drei Stunden hatte Britta den

Bogen raus. Sie fährt mittlerweile häufig auf Turniere und sammelt eifrig Schleifen.

Eine Stunde und mehr!

Santara ist eine chice fünfjährige Stute, die sich noch in der Ausbildung befindet. Sie wurde als Turnierpferd für die Tochter Inge gekauft. Zu Beginn der Turniersaison rief mich Inges Mutter an und fragte mich, was man tun könne, wenn ein Pferd nicht in den Hänger geht. Das nächste Turnier stünde bevor und Santara ziere sich von Mal zu Mal mehr, in den Hänger zu steigen. Ich schlug vor, einen Termin für ein gezieltes Training zu vereinbaren. Nach einer Woche rief mich Inges Mutter wieder an und erklärte mir, dass man Santara in ihrem Reitstall ohne ihr Wissen und Wollen sehr unsanft verladen hätte. Dies bedaure sie sehr, da Santara ein echtes Familienmitglied sei. Nun wolle sie erst einmal von einem weiteren Training Abstand nehmen.

Ein Jahr später rief mich Inges Mutter erneut an. Sie wollte nun mehr über Verlade-Methoden erfahren und erzählte mir, dass sie im Schnitt eine Stunde zum Verladen brauchen. Immer in der Angst, es könne wieder jemand kommen, der die ganze Angelegenheit beschleunigt.

Ich schlug vor, einen Trainingstermin zu vereinbaren und diesmal klappte es.

Ich nahm Santara an die Longe (ihre Besitzerin hatte sich bereits ein Dually-Halfter gekauft) und machte einige Führ-Übungen mit ihr. Sie ließ sich gut führen und rückwärts richten. Auch den Balken-Test (siehe Abschnitt »Anbinden«) bestand Santara mit Bravour. Sie war freundlich, aber etwas leicht ablenkbar.

Ich ging mit ihr forsch auf den Hänger zu, stieg in den Hänger ein, aber Santara blieb draußen stehen und stieg. Sie stemmte die

Hufe in den Sand, ihre Ohren hörten nach hinten und ihre ganze Körpersprache sagte NEIN.

Ich ging wieder aus dem Hänger und drehte eine Runde zu Entspannung mit ihr.

Ich beschloss, die Strategie zu ändern und baute Druck von vorne auf. Ich richtete die Stute viermal rückwärts, und innerhalb von einer Minute stand Santara im Hänger. Ich lobte sie, lud sie aus und beendete das Training.

Das Trainings-Ziel sollte nun sein, dass Santara positive Eindrücke beim Verladen sammelt. Zusätzlich arbeitete ich mit Inge, um ihr die Handgriffe beizubringen, die sie braucht, wenn Santara wieder »Nein« sagen sollte.

Nach wenigen Trainingseinheiten war Inges Körperhaltung und ihre Blickrichtung beim Verladen perfekt. Santara und Inge spielten sich so aufeinander ein, dass sie – bis auf wenige kleinere Rückschritte – gut vorankamen. Nach der dritten Trainingseinheit konnte Inge Santara verladen. Glücklicherweise forderte Santara aber immer wieder unsere Geduld ab und stellte uns vor neue Aufgaben. Sie ging rechts vorbei, links vorbei oder stieg. So konnte ich Inge ein großes Repertoire an Handgriffen zeigen und erklären, wie sie wann am Hänger zu agieren hat (Zick-Zack-Gehen im Hänger, Zupfen, weniger Druck etc.). Mit Geduld und Köpfchen schaffte Inge es immer wieder, Santara zu verladen.

Wieder kuriert!

Die Besitzerin von Mischa war verzweifelt: Sie hatte ihre gut ausgebildete Freizeit-Ponystute zum weiterführenden Training zu einem Westernausbilder gegeben. Nun hörte sie aber plötzlich nur Schlechtes über sie. Die Stute sei bösartig, unberechenbar und lerne nicht. Dies alles gipfelte in einem »Verlade-Training«, das der Westernausbilder mit Mischa durchführte. Die Stute wehrte sich dabei heftig und wurde am Ende mit Hilfe eines Flaschenzuges liegend in der Hänger gezogen. So verpackt wurde die Stute 30 Minuten gefahren und der Besitzerin an der Weide angeliefert. Nach lautem Wortgefecht ging man auseinander und Mischas Besitzerin versuchte, ihre total verängstigte Stute so gut es ging zu beruhigen. Nach dieser Behandlung ging Mischa nicht mehr in den Hänger.

Unglücklicherweise stand ein Umzug kurz bevor, bei dem das Pferd ca. 40 km gefahren werden musste.

Mischas Besitzerin vereinbarte mit mir einen Termin. Ich war gespannt auf die Stute. Bei der ersten Trainingseinheit war Mischa so verängstigt, dass es schwierig war, sie überhaupt in die Nähe des Hängers zu bringen. Ich beendete die Trainingseinheit, als Mischa ruhig vor dem Hänger stand und einen Huf auf die Rampe setzte. Die Stute wurde ausgiebig gelobt und für diesen Tag aus dem Training entlassen. Normalerweise führe ich das Verlade-Training mit den Besitzern zusammen durch, doch in Mischas Fall war ich überzeugt davon, dass wir länger brauchen würden, um Mischa wieder in einen Hänger zu bekommen. Danach, so dachte ich, könnte ich immer noch die Besitzerin dazuholen und ihr die notwendigen Handgriffe beibringen.

Also begann ich die Arbeit mit dem Pferd allein, konnte so das Training ganz nach Mischas Fortschritten ausrichten und wenn es nötig war, auch nach kleinen Erfolgen und kurzer Zeit abbrechen. Dies schien gut zu fruchten, denn bereits nach der dritten Trainingseinheit standen wir im Hänger. Nach der vierten Einheit folgte Mischa mir ohne Halfter und Longe in meinen Hänger mit Frontausstieg, und wir gingen vorne gemeinsam wieder hinaus.

Im Training ging ich so vor, dass ich der Stute viel Zeit ließ und sie mit Hilfe der »freien Variante« von der Rampe aus in den Hänger zupfte. Ging Mischa einen Schritt vor, wurde sie überschwänglich gelobt. Im weiteren Verlauf des Trainings wurden ihre Bewegungen so flüssig, dass wir bis zu dreimal in den Hänger und vorne wieder hinausgingen. Mischa schien an dem Training gefallen zu finden und entpuppte sich als eifrig, kooperativ und freundlich.

Ich hatte den Eindruck, dass sie »gefallen wollte« und sich sehr bemühte, alles richtig zu machen. Ich ging nach dem 10 Punkte-Programm vor, und wir kamen schnell vorwärts. Nach sechs Trainingseinheiten hielt ich Mischa für soweit, dass sie den Umzug auf sich nehmen konnte. Die ganze Familie kam zusammen, und das Einsteigen wurde von den stolzen Besitzern auf Video festgehalten. Wir luden Mischa wohlbehalten an ihrem neuen Platz aus, und ich vereinbarte mit der Besitzerin ein gemeinsames Training. Dazu kam es dann erst einmal nicht, da die Stute tragend wurde. Vor ein paar Wochen rief mich Mischas Besitzerin an und verkündete, dass die Stute vor drei Monaten ein prächtiges kleines Fohlen zur Welt gebracht hatte. Aber das war noch nicht alles: Mischa samt Fohlen würden in den Hänger steigen, als hätten beide nie etwas anderes gekannt!

That's a Hit

Eines Tages erreichte mich der Anruf von Bärbel: »That's a Hit«, ihr siebenjähriger Quarter, gehe nicht in den Hänger, dabei würde sie so gerne mit den anderen aus dem Stall an den Wanderritten teilnehmen, die für das kommende Jahr geplant seien.

Wir vereinbarten einen Termin, damit ich mir ein Bild von der Lage machen konnte. Die Besitzerin erklärte mir, dass That's a Hit immer, wenn er an den Hänger geführt wurde,

tänzelte und dann mit den Vorderbeinen in einem Satz in den Hänger sprang. Mit den Hinterbeinen stand er dann neben der Rampe. Aus dieser Position versuchte er, in einem nächsten Schritt auf den Hänger zu krabbeln, was ihm jedoch nicht gelang, da er derart verkantet mit der Nase direkt vor der rechten oder linken Außenwand stand. Außerdem achtete er peinlich genau darauf, dass kein Huf die Rampe berührte. Wir bauten für das Training vor der Rampe eine Gasse aus Strohballen auf. Ich ging wieder mit That's a Hit an den Hänger. Kurz vor der Rampe sprang das Pferd zur Seite, lief hinter die Strohballen und machte von dort einen Riesensatz. Wieder stand er mit den Vorderbeinen im Hänger, die Rampe und die Strohballen unter sich und die Hinterhufe neben der Rampe. Für diesen Tag beendete ich das Training bzw. eher gesagt die Sichtung, denn gelernt hatte That's a Hit nichts.

Ich hatte eine Vermutung, warum das Pferd so reagierte, vertröstete Bärbel aber auf den nächsten Tag. Ich bat einen Bekannten darum, mir seinen Hänger für einen Tag zu borgen. Dieser Hänger hat keine Rampe, sondern nur einen Tritt und aufschwenkbare Türen. Als ich diesmal mit dem Wallach auf den Hänger zuging, hatte ich den Eindruck, dass er zu mir sagen wollte: »Endlich habt ihr es kapiert«. That's a Hit sprang förmlich auf den Hänger und stellte sich ganz artig auf seinen Platz. Bärbels Freude war groß, und sie berichtete mir, dass sie das Pferd über eine Freundin recht günstig erworben hatte. Der Wallach war aus den USA importiert und als Turnierpferd teuer gehandelt worden, jedoch hatte ihre Freundin das Verladeproblem nie bewältigen können. Schließlich gab sie ihn für wenig Geld ab.

7. PFERDE AUF REISEN

Mit dem Pferd durch Europa

Reiterfreizeit in den Pyrenäen, Strandritte an der Ostsee, Lagerfeuerromantik in Ungarn oder Fortbildung in Spanien – mit dem eigenen Pferd? Warum nicht! Pferde-Europa rückt auch enger zusammen, und die Angebote, mit dem eigenen Pferd irgendwo hinzufahren, sind so vielfältig wie nie. Natürlich geht es nicht ganz ohne Bürokratie ab, und deshalb erkundigen Sie sich am besten bei Ihrem örtlichen Kreisveterinäramt über die aktuellen Bestimmungen. Üblicherweise sind der Equiden-Pass und der Impfpass unerlässlich. Zusätzlich brauchen Sie aber noch eine vom Kreisveterinäramt ausgestellte Gesundheitsbescheinigung für Ihr Pferd, die nicht älter als 48 Stunden sein darf. Überschreitet der Transport eine Fahrt von acht Stunden, muss dem Kreisveterinäramt ein Transportplan zur Abzeichnung vorgelegt werden. Gesetzliche Grundlage für den gesamten Transport bildet die Tierschutz-Transport-Verordnung. Bevor Sie nun Ihre frisch eingeübten Verlade-Kenntnisse anwenden und davonfahren, sollten Sie die Reise sehr sorgfältig vorbereiten: Streckenplanung, die richtige Ausrüstung und Adressen sind unerlässlich.

Beginnen wir mit der Streckenplanung: Kalkulieren Sie genügend Zeit ein und wählen Sie die Route sorgfältig aus. Gerade in Ferienzeiten sind die bekannten Nord-Süd- und Ost-West-Achsen überfüllt. Karten und Tipps werden Ihnen auch die Verkehrsclubs wie ADAC und AVD geben können. Planen Sie bei langen Fahrten Übernachtungen und Stopps ein, bei denen Sie Ihrem Pferd Rast, Auslauf und Versorgung gönnen. Viele Reiterhöfe haben Gastboxen oder kleine Landhotels abseits der Strecke bieten sogar Full-Service für reisende Reiter an. Pausen sollten Sie so legen, dass Sie sich mit einem anderen Fahrer alle zwei Stunden abwechseln können. Dabei sollten Sie immer kurz im Hänger nach dem Rechten sehen. Fahrten bis zu vier Stunden sollten durchgefahren werden (wenn das Pferd darauf trainiert ist), alles was darüber hinausgeht bedarf einer oder mehrerer Pausen. Auch auf langen Fahrten sollten Sie auf keinen Fall Kraftfutter anbieten. Lieber in den Pausen Heu an der frischen Luft füttern, nachdem sich das Pferd die Beine vertreten konnte. Gute Zuluft ohne Zugluft im Hänger sollte selbstverständlich sein. Gleichen Sie vor allen Dingen den enormen Flüssigkeits- und Elektrolytverlust aus, der bei jedem Transport entsteht. Und: Laden Sie nie auf der Autobahn aus, außer in Notfällen. Was auch gleich unser nächstes Stichwort ist: Unfälle. Leider ereignen sich immer wieder schreckliche Unfälle, bei denen Pferd und Fahrer ihr Leben lassen. Häufig aufgrund unangepasster Fahrweise; zu schnell, zu dicht aufgefahren oder eingenickt. Auch alte, marode Hänger, die nicht verkehrssicher sind, trugen im vergangenen Jahr zu gefährlichen Unfällen bei. Ist das Unglück passiert, und Ihr Pferd kann aufgrund der guten, von Ihnen gewählten Hängerqualität mit einigen wenigen Verletzungen davonkommen, zahlt es sich aus, wenn Sie eine Liste von den nahegelegenen Pferdekliniken dabeihaben.

Zur mitgeführten Ausrüstung empfehle ich, neben zwei Plastikeimern auch zwei gefüllte 20 Liter Plastikkanister mit Wasser mitzunehmen. So können Sie zwischendurch die Pferde tränken oder sie im Sommer erfrischen, wenn die Temperatur im Hänger steigt. Sollten Sie trotz guter Planung im Stau stehen und die Temperatur steigt unerträglich, so machen Sie von der Möglichkeit Gebrauch, die Polizei zu bitten, Sie auf dem Seitenstreifen von der Autobahn zu begleiten. Darüber gibt es keine ausformulierte gesetzliche Grundlage, es ist aber bei jedem Tiertransport möglich, wenn die Tiere sonst erheblichen Schaden nehmen würden. Als weiteres nützliches Utensil bieten die verschiedenen Pferdeversandhäuser den »Trailer Aid« an, eine Art Auffahrkeil für den Hänger. Er ermöglicht den Reifenwechsel am Hänger, ohne die Pferde dafür auszuladen. Weiterhin im Gepäck sollten Sie Ersatzhalfter, zwei weitere Stricke und zwei Decken für Ihre Pferde bereithalten. Denken Sie daran: Gute Vorbereitung erspart Ihnen Stress, Zeit und Nerven und ermöglicht Ihnen, dass Sie mit Ihrem Pferd den geplanten Urlaub so richtig genießen können.

Kliniksuche per Internet

Wenn Sie Ihre Reise-Route planen, können Sie unter:
www.welt-der-pferde.de/tierklinik.htm die nächst gelegenen Kliniken abrufen. So haben Sie im Notfall auf Ihrer Reise schnell einen Ansprechpartner.

Verladen in einen Air-Cargo-Container

Einfach ab in den sonnigen Süden oder Westen. Ein neues Leben anfangen mit den Pferden am Haus im sonnigen Süden oder in den weiten Nord- oder Südamerikas … Natürlich muss das Pferd mit! Wer nicht mit dem Anhänger im Schlepptau tausende Kilometer fahren möchte (oder kann), der sollte sein Pferd in die Hände von erfahrenen Pferde-Luftfrachtspediteuren geben (Adressen s. Serviceteil). Neben vielen zollrechtlichen Bestimmungen, die Sie beachten müssen, sollten Sie Ihr Pferd sorgfältig auf einen Lufttransport vorbereiten. Lassen Sie es von Ihrem Tierarzt begutachten und besonders im Hinblick auf

Kreislauferkrankungen untersuchen. Natürlich muss ein Impfpass und Equiden-Pass vorhanden sein. Fühlen Sie sich mit dem Ausfüllen der nötigen Formulare überfordert, sollten Sie sich eine Spedition suchen, die den ganzen Papierkram wie Ausfuhrpapiere, Zollanmeldung usw. für Sie erledigt. Bedenken Sie, dass beim Lufttransport fast immer Quarantänebestimmungen einzuhalten sind. In einigen Ländern kann man die Quarantäne am Zielort in einem staatlich anerkannten Reitbetrieb durchführen, wo Sie dann Ihr Pferd persönlich betreuen können. Somit entfällt die anonyme Quarantäne am Zielflughafen. Aufgrund der Vielzahl der Bestimmungen für die einzelnen Länder sollten Sie sich früh genug an einen Pferde-Spediteur wenden. Der Transport wird im Allgemeinen in speziellen Air-Cargo-Containern durchgeführt, die meist in drei Boxen aufgeteilt sind. Günstiger ist es, wenn Sie gleich alle drei Boxen belegen können, dann ist sogar Ihr Flugticket umsonst, und Sie fungieren als Begleiter Ihrer Pferde. Anzuraten ist dies jedoch nur sehr erfahrenen Pferdeleuten. Unterschätzen Sie nicht den Stress, dem Ihr Pferd ausgesetzt ist. Sind Sie zusätzlich nervös, schaukelt sich das Ganze hoch und Ihr Pferd hat Schwierigkeiten beim Verladen. Einfacher ist es, auf die erfahrenen Pferde-Flugbegleiter zurückzugreifen, die Transporte begleiten. Aber: Klären Sie unbedingt im Vorfeld, wie die Abholung bzw. der Weitertransport und die Betreuung am Ankunftsflughafen organisiert sind.

Sachkundenachweis für Pferdetransporteure

Wenn Sie vorhaben, Ihr Pferd von einem professionellen Transporteur befördern zu lassen, so sollten Sie darauf achten, dass er einen »Sachkundenachweis für Pferdetrans-

■ **Der Sach-**
kundenachweis

Postanschrift: Kreis Euskirchen 53877 Euskirchen

DER LANDRAT

Abt. 39   **Veterinärwesen und**
            Lebensmittelüberwachung

Aktenzeichen:

bearbeitet von:

Telefon-Durchwahl:

Telefax:

Dienstgebäude:

Zimmer:

Datum:

Sachkundebescheinigung

gem. § 13 der Tierschutztransportverordnung

Frau Kirsten Kaltwasser

verfügt über die fachliche Befähigung zur Transportbetreuung folgender
Tierarten:

Pferde und Ponys.

Die Transporte werden mit folgenden Fahrzeugen (Grundfläche in qm) durchgeführt:

-Pferdeanhänger für zwei Pferde-

Diese Bescheinigung ist gültig bis zum 31. 12. 2004.

Sie kann jederzeit widerrufen werden, wenn wiederholt oder grob den Anforderungen
der Tierschutztransport-Verordnung oder des Tierschutzgesetzes zuwidergehandelt wird.

Im Auftrag

(Dienstsiegel)

(Dr. Weins)

Telefon: (02251) 15-0   Servicezeiten: Konten der Kreiskasse:
Telefax: (02251) 15 666   mo.-do.:   8.30 - 15.30 Uhr   Kreissparkasse Euskirchen 1000017 (BLZ 382 501 10)
eMail: mailbox@kreis-euskirchen.de   fr.:   8.30 - 12.30 Uhr   Postbank Köln 21756-506 (BLZ 370 100 50)
Internet: http://www.kreis-euskirchen.de

 ab Bahnhof Stadtbus-Linie 872: Kreishaus/Reinaldstr. (Jülicher Ring), Erftstadion (Nebenstellen Keltenring u. Am Schwalbenberg)

porteure« besitzt. Rechtsgrundlage bildet die Tierschutztransportverordnung (TierSchTrV). Diese fordert in § 13 von Personen, die am gewerblichen Transport von Hausgeflügel und/oder Nutztieren also auch Pferden beteiligt sind, diesen Sachkundenachweis. Im Januar 1997 vom Bundesrat verabschiedet, können folgende Personen den Nachweis anfordern, wenn Sie:

■ Eine bestandene Abschlussprüfung in den Berufen: Landwirt, Tierwirt, Tierpfleger oder Pferdewirt besitzen oder

■ einen erfolgreichen Abschluss eines Hoch- oder Fachhochschulstudiums im Bereich der Landwirtschaft oder der Tiermedizin besitzen oder

■ seit mindestens drei Jahren vor Inkrafttreten dieser Verordnung regelmäßig gewerbliche Transporte ohne Beanstandung durchgeführt haben.

Liegen diese Voraussetzungen vor, muss der Interessent bei seinem Kreisveterinäramt einen Antrag auf Ausstellung eines Sachkundenachweises für Tiertransporteure stellen. Diesem Antrag beigefügt werden muss eine beglaubigte Kopie des Ausbildungs- oder Abschlusszeugnisses und eine Erklärung des Arbeitgebers. Gegen eine Verwaltungsgebühr erhalten Sie dann den Schein.

Treffen diese Voraussetzungen nicht zu, können Sie den Sachkundenachweis bei der DEULA absolvieren, der Lehranstalt für Landwirtschaft, Technik und Umwelt (Adresse siehe Serviceteil). Als staatlich beauftragte Stelle bietet die DEULA die Möglichkeit, die notwendige Sachkunde zu erwerben und mit einer theoretischen Prüfung zu beweisen.

Nach § 13 TierSchTrV wird ein mindestens achtwöchiges Praktikum unter sachkundiger Anleitung gefordert. Anschließend müssen Sie sich einer theoretischen Prüfung mit schriftlichem und mündlichem Teil stellen. Eine praktische Prüfung im Rahmen eines Verlade-Vorgangs – kontrolliert durch einen beamteten Tierarzt – schließt das Ganze ab. Der 2-tägige Lehrgang bei der DEULA beinhaltet 14 Stunden intensive Prüfungsvorbereitung mit anschließender theoretischer Prüfung (ca. 350 Euro). Die Teilnahme am Vorbereitungskurs ist nicht vorgeschrieben, wird jedoch empfohlen. Die praktische Prüfung können Sie auch danach – bei einem beamteten Tierarzt – in der Nähe Ihres Wohnorts (oder bei Ihrem Arbeitgeber) ablegen. Nach bestandener Prüfung, die bundesweit gültig ist, erhalten Sie eine Bescheinigung, mit der Sie bei Ihrem Kreisveterinäramt den Sachkundenachweis anfordern können. Erst dann sind Sie berechtigt, gewerbliche Transporte durchzuführen. Die DEULA-Adresse finden Sie im Serviceteil.

■ **Bei diesem Transportunternehmen wäre Ihr Pferd gut aufgehoben!**

8. RUND UM DEN PFERDEHÄNGER

Das Zugfahrzeug

Bevor Sie sich mit Ihrem Vierbeiner auf die Reise machen, sollten Sie sicher gehen, dass Ihr Fahrzeug auch stark genug ist, den voll beladenen Hänger zu ziehen. Wer mit einem Kleinwagen und geringer PS-Zahl zwei Kaltblüter fährt, handelt nicht nur unverantwortlich, sondern auch gesetzeswidrig. Denn: Neben vielen technischen Bedingungen hat der Fahrer des Gespanns auch gesetzliche Vorgaben zu beachten; nachzulesen in der StVo und StVZo.
Falls Sie kein Technik-Freak sind: Vertiefen Sie unbedingt Ihre Kenntnisse in dem Gewirr von Gewichten, Höchstlasten und Fahrzeugdaten, damit Sie beruhigt mit Ihren Pferden losfahren können! Sehen Sie in Ihren Fahrzeugpapieren nach, und vergleichen Sie diese Informationen mit den Daten, die an der Hängerdeichsel angegeben sind.

Was zieht denn nun am besten? Kurz gesagt: Sehr bewährt haben sich Geländewagen mit kräftigen Motoren und Automatikgetriebe, hier ganz besonders die Mercedes G-Klasse. Durch den Allradantrieb in Verbindung mit Differenzialsperren lässt sich nahezu jede nasse Wiese, tiefer Schnee und Schlamm bewältigen. Auch starke Steigungen mit voll beladenem Hänger sind kein Problem. Gute Kompromisse stellen immer noch PKW mit Allrad und Automatik dar, wie z. B. der Audi A6 Allrad, der Subaru Forester, Volvo Cross Country, der Mercedes E-Klasse 4-matic und so weiter.
Deutlich eingeschränkt in ihrem Nutzen sind einfache PKW, im ungünstigsten Fall noch mit Frontantrieb. Oft reicht hier auch die gesetzliche Anhängelast nicht aus, um einen Pferdehänger zu ziehen. Automatikgetriebe haben gegenüber Schaltgetriebe den Vorteil, dass Sie dosiert Gas geben können bzw. sehr langsam

■ **Ein taugliches Zugfahrzeug und ein sicherer Hänger geben ein gutes Fahrgefühl.**

und gleichmäßig fahren können. Dies ist besonders wichtig beim Ankuppeln oder Rangieren. Auch im Stadtverkehr ist es angenehm, wenn bei vielen Ampeln oder im Stau die Automatik das stufenlose Schalten übernimmt. Bei Steigungen fährt sich ein Automatikgetriebe auf jeden Fall komfortabel. Der Durchzugsverlust durch ein- und auskuppeln entfällt und auch die gleichmäßige Beschleunigung wissen Ihre vierbeinigen Fahrgäste sehr zu schätzen.

Lasten und Gewichte

Die Stützlast: Sie bezeichnet das Gewicht, das vertikal auf die Anhängerkupplung wirken darf und ist meist neben der Anhängerkupplung verzeichnet oder steht in Ihren KfZ-Papieren.
Das zulässige Gesamtgewicht ergibt sich aus dem Leergewicht des Fahrzeuges und dem Leergewicht des Anhängers plus Zuladung und ist ebenfalls in den KfZ-Papieren nachzulesen.
Die Zuladung: Sie errechnet sich aus dem Leergewicht minus zulässigem Gesamtgewicht.
Die Anhängelast: Sie ist wiederum abhängig vom Eigengewicht des Zugfahrzeuges und errechnet sich aus Eigengewicht des Autos minus 75 kg und ist gleich die maximale gebremste Anhängelast des Zugfahrzeuges.
Ein Beispiel:
Angenommen, Ihr Auto hat eine maximale Anhängelast von 2200 kg und Ihre beiden Warmblüter wiegen jeweils 600 kg (= 1200 kg). Ihr Hänger wiegt dazu noch 750 kg.
Rechnung:

Pferd I	600 kg
Pferd II	600 kg
Anhänger	750 kg
=	1950 kg

Bleiben also noch 250 kg für Sattel, Zaumzeug, Decken und weiteres Zubehör.

Um das genaue Gewicht Ihres Pferdes zu ermitteln, können Sie es nur wiegen lassen. Wie aktuelle Tests bewiesen, gibt die folgende Formel nur einen Anhaltswert:

$$\text{Pferdegewicht} = \frac{\text{Brustumfang} \times \text{Brustumfang} \times \text{Rumpflänge}}{11.900}$$

So kuppelt es sich leichter!

Zum einfacheren Ankuppeln, wenn Sie allein sind, können Sie sich einen Spiegel am Hänger befestigen und so einstellen, dass Sie durch den Rückspiegel Ihres Autos den Abstand von der Anhängerkupplung zum Kuppelkopf sehen. Das dauernde Aussteigen und Nachtaxieren entfällt dadurch.

Check-up fürs Auto

Vor jeder Fahrt sollten Sie sich sicher sein, dass:
- der Reifendruck geprüft ist.
- der Ölstand geprüft ist.
- das Wischwasser nachgefüllt ist
- ein kompletter und gewarteter Erste-Hilfe-Kasten im Auto liegt.
- der Wagenheber an seinem Platz liegt.
- der Reservereifen voll Luft ist.
- die Straßenkarten dabei sind.
- die Adressen für die Rast dabei sind.
- der Zettel mit wichtigen Telefonnummern dabei (ADAC/ Tierarzt) ist.
- Handy, volle Akkus oder Ladegerät dabei sind.
- Wasserkanister und Eimer dabei sind.

Die Polizei hilft!

Ihr Recht als Pferdetransporteur im Stau auf der Autobahn ist, dass Sie sich von der Polizei über den Standstreifen von der Autobahn eskortieren lassen können. Machen Sie im Sommer bei heißen Temperaturen im Notfall Gebrauch von diesem Recht. Auch dürfen Sie niemals an einer ungesicherten Unfallstelle ausladen! Warten Sie ab, bis die Polizei die Unfallstelle oder Pannenstelle ausreichend abgesichert hat.

Kopfschutz!

Die Anhängerkupplung und der Bordstrom-Stecker, der für die Beleuchtung des Hängers sorgt, verbinden Auto und Hänger.
Um den Kugelkopf vor Korrosion zu schützen, sollten Sie ihn ab und zu mit Industriefett einreiben. Im unbenutzten Zustand schützen Sie den Kuppelkopf am besten mit einer Plastikkappe (gibt's in Geschäften für Autozubehör oder im Reitsportfachhandel), das schont auch die Hosenbeine vor Schmutz!

Gibt's bei Obi!

Immer ein Paar Arbeitshandschuhe unter den Fahrersitz legen. Das schützt die Finger weitgehend vor Verletzungen und hält sie von Ölschmier sauber.

Erste Fahrübungen

Können Sie sich vorstellen, wie sich ein Pferd im Hänger fühlt? Wer da nicht rein will, der genießt meine volle Sympathie. Wer die Möglichkeit hat, seinen Pferdehänger mit einem Videoüberwachungssystem auszurüsten, der ist mit Sicherheit erstaunt, wie stark die Pferde durchgeschüttelt werden. Schon kleine Kurven oder Boden-Unebenheiten lassen die Pferde wie »nasse Säcke« von rechts nach links, vor und zurück und auf und ab plumpsen. Je nach Hängertyp mehr oder weniger. Je schlechter Sie fahren, desto mehr muss Ihr Pferd im Hänger arbeiten, um sich auszubalancieren. Trainieren Sie also vorab das Hängerfahren ohne vierbeinige Passagiere. Haben Sie dann später Ihre kostbare Fracht eingeladen, müssen Sie so vorsichtig fahren, als hätten Sie palettenweise rohe Eier an Bord. Auch wer sich sicher mit dem Hänger fühlt, sollte immer daran denken, dass hinten die Kurven und das Abbremsen viel stärker wahrgenommen werden, als im Sitz eines Autos. Fahren Sie vorausschauend! Auch das ruckfreie Anfahren mit der ungewohnten Last muss man üben. Haben Sie keinen Automatik-PKW, dann sollten Sie weich schalten und einkuppeln. Ihre Fahrgäste im Hänger werden es Ihnen danken.
Mit einem Hänger sind Sie nicht nur länger, sondern auch breiter. Rechts und links ragt

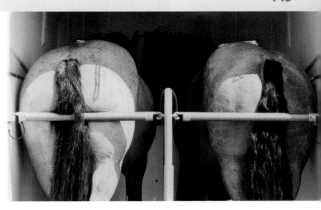

der Hänger gewöhnlich etwas über die Maße des Zugfahrzeugs hinaus. Wer also bei Kurven nicht genug ausholt, verhilft seinen Pferden zu einem unangenehmen Hopser über den Bordstein. Dabei gibt es einen Schlag, der meistens die Radaufhängung oder gleich die Achse beschädigt. Ist dies passiert, sollte Ihr nächster Weg unbedingt zu einer Fachwerkstatt führen, um nicht zu riskieren, mit einem verkehrsunsicheren Hänger zu fahren.

■ **Käme Ihr PKW hier schon ins Schwitzen?**

Rangieren (Oh, da war ja ein Zaun)

Vielleicht geht es nur mir so, aber beim Rangieren bin ich immer wieder überrascht, wie Physik im Alltag funktioniert: Irgendwie fährt der Hänger ab und zu beim rückwärts Einparken in eine andere Richtung, als ich möchte. Eigentlich ist es ganz einfach: Lenkt man links, bewegt sich der Hänger nach rechts; lenkt man nach rechts, bewegt sich der Hänger nach links. Außerdem sollten Sie sich vor dem Auto – wenn möglich – viel Platz zum Rangieren lassen. Und: Langsames Fahren beim Rangieren und Rückwärtsfahren schont Nachbars Zaun. Worauf man auch noch achten muss ist, dass der Winkel, in dem man seinen Hänger lenkt, nicht zu steil wird. Schnell haben Sie dann Auto und Hänger ineinander verhakt. Eine Übungsstunde auf einem großen Parkplatz oder beim ADAC kann da Abhilfe schaffen. Denn: Sind Sie später einmal allein unterwegs, sollten Sie all diese Tricks und Kniffe beherrschen. Dazu gehört auch das Reagieren in Extremsituationen:

Aufschaukeln

Zu hohe Geschwindigkeit, falsche Gewichtsverteilung im Hänger und extreme Fahrmanöver führen zum gefährlichen Aufschaukeln des Hängers. Dabei tanzt er wie ein Lämmerschwanz hinter dem Auto. Das Gefähr-

liche dabei ist, dass der Hänger immer weiter aus seiner Fahrspur kommt und schließlich den PKW mitreißt. Eingehende Bitte von mir: Fahren Sie höchstens die in Deutschland vorgeschriebenen 80 km/h (oder bei neueren Hängermodellen 100 km/h). Planen Sie lieber etwas Zeit für die Fahrt ein, und freuen Sie sich, wenn Sie – Dank besonnener Fahrweise – heil und früher als geplant am Zielort ankommen.

Was können Sie tun, um Ihrem Pferd das Fahren im Hänger nicht unnötig zu erschweren?

- ■ Bremsen Sie vor der Kurve. Erst wenn das ganze Gespann aus der Kurve ist, Gas geben.
- ■ Buchen Sie einen Gespann-Fahrkurs beim ADAC.
- ■ Fragen Sie bei Ihrer örtlichen Fahrschule, ob Gespann-Fahrkurse angeboten werden. Bringt sicher Spaß und man lernt was dabei.
- ■ Üben Sie auf einem großen Parkplatz zu rangieren und Hütchen zu umrunden.
- ■ Üben Sie: am Hang anfahren, enge Gassen passieren, Kurven fahren, Extremsituationen.

Ankuppeln – so geht's!

- Rückwärts fahren bzw. einweisen lassen, wenn Helfer vorhanden
- Möglichst nahe an die Deichsel heranfahren
- Hängerbremse vorsichtig lösen
- Hängerkupplung auf den Kugelkopf ziehen
- Hänger ankuppeln unter zur Hilfenahme des Stützrads
- Sichere Verriegelung von Anhänger und Kugelkopf prüfen (Sperre eingerastet?)
- Bremsabrissseil um die Anhängerkupplung legen und sichern
- Elektroverbindung herstellen: Stecker des Hängers in die Buchse des PKW stecken, evtl. Verschmutzungen beseitigen, evtl. Kontaktspray benutzen Achtung: 7-poliges Steckersystem gab es bis 1985, seit dem ist ein 13-poliges Steckersystem eingeführt

Erst checken, dann fahren!

- Sind die Unterlegkeile entfernt?
- Sind alle Türen/Splinte daran gesichert?
- Funktion von Licht, Bremslicht, Blinker, Kennzeichen-Beleuchtung, Rückfahrleuchten geprüft?
- Bremsprobe (mit dem unbeladenen Hänger)! Auf einer Privatstraße oder Parkplatz ohne Verkehr hart auf die Bremse treten und sehen, ob alles eingerastet ist!
- Jetzt erst das Pferd/die Pferde einladen

Abkuppeln – so geht's!

Nachdem das Pferd ausgeladen ist und der Hänger gesäubert, evtl. desinfiziert wurde, kann das Abkuppeln losgehen:
- Hänger einparken
- Feststellbremse ziehen
- Unterlegkeile unter die Reifen legen
- Polstecker lösen
- Abrissseil lösen
- Verriegelung des Kuppelkopfes lösen und unter zur Hilfenahme des Stützrades den Hänger abkuppeln

Abstellen des Hängers

Stellen Sie den Hänger so ab, dass er jederzeit einsatzbereit ist. Also nicht als Strohlager etc. missbrauchen oder von anderen Fahrzeugen oder schwer beweglichen Gegenständen zuparken lassen. Der Hänger sollte nach jeder Fahrt gereinigt werden (wenigstens mit Wasser ausspritzen). Damit können Sie gleich einen kleinen Check verbinden: Sind die Reifen noch in Ordnung, müssen evtl. Scharniere etc. gefettet werden, sind alle Lampengehäuse in Ordnung (Risse?), stehen irgendwo scharfe Kanten hervor? Wer seinen Hänger pflegt und regelmäßig wartet hat länger etwas von ihm.

Der Pferdehänger

Jährlich finden allein in Deutschland rund eine Million Pferdetransporte statt. Ziel der meisten Transporte ist eine Turnierveranstaltung, die im Schnitt weiter als zwei Autostunden vom Heimatort entfernt ist. Die momentan auf dem Markt erhältlichen Modelle gehen vom traditionellen Holzhänger mit Plane über den Poly-Hänger bis zum Alu-Hänger mit Frontausstieg. Futuristische Kreationen wie Hänger mit aufschwenkbaren Dächern werden bereits zaghaft angeboten. Der Trend geht zur Individualität, denn Fahrzeugbauer, die Spezialwünsche erfüllen, haben Hochkonjunktur. Nicht selten sollen drei oder vier Pferde gleichzeitig transportiert werden und wenn möglich, noch eine Kutsche obendrauf. Durch den Boom im Bereich Pferd hat sich in der Hänger-Industrie so einiges getan. Sie

reagiert auf den Wunsch der Pferdebesitzer, noch flexibler zu sein und mit dem Vierbeiner zu reisen. Dabei ist ein erfreulicher Trend hin zu mehr Sicherheit und Bequemlichkeit für die Pferde zu verzeichnen: Die Innengestaltung wird heller, die Kanten runder und die Benutzung für den Pferdehalter bedienerfreundlicher. Bleibt also zu hoffen, dass die Ära der zu kleinen Hänger und »rollenden Särge« (durchgefaulte Böden und abgefahrene Reifen) bald vorbei ist. Wer sich keinen neuen Hänger zulegen kann oder will, der hat die Qual der Wahl auf dem Gebrauchtmarkt. Seriöse Händler der Markenhersteller haben oft ein ganzes Sammelsurium von gebrauchten und eingetauschten Hängern, die Dank der seit 01.04.1994 geltenden TÜV-Verordnung eine Mindestanforderung an die Sicherheit garantieren. Wer ganz sicher gehen möchte, der lässt seinen Hänger im Fachbe-

■ **Achten Sie beim Hängerkauf auf die Qualität des Produktes. Aber bedenken Sie auf jeden Fall die Größe Ihres Pferdes. Dieses Beispiel zeigt deutlich: Das kann nicht passen!**

■ Manchmal findet man unter den Gebrauchten auch »Schnäppchen« mit Frontausstieg. Der Boden dieses Hängers wurde mit einer Gummi-Matte nachgerüstet.

■ Der Verwendungszweck bestimmt Aussehen und Ausstattung des Hängers.

trieb auf Herz und Nieren testen (s. Checkliste Pferdehänger). Um den richtigen Hänger zu finden, sollte man sich nicht nur Gedanken machen über die hauptsächliche Verwendung, sondern unbedingt die Pferdegröße mit einbeziehen.

Viel zu klein!

Wie wichtig dies sein kann, zeigt ein Erlebnis am Rande einer Monty Roberts Veranstaltung. Eine Teilnehmerin hatte ihren Wallach Pilor, der ein Stockmaß von 1,82 m hatte, mitgebracht, um ihn von Monty Roberts verladen zu lassen. Noch nie hätte es bisher funktioniert und sie war sogar zu dem Veranstaltungsort geritten. Eine Freundin hatte ihren Pferdehänger zur Veranstaltung gefahren, Pilor sollte verladen und wieder nach Hause transportiert werden. Als der Anhänger in die Halle gefahren wurde, wandte sich Monty an die Besitzerin. Er fragte sie, ob sie wirklich, ein so großes Pferd in einen solchen Hänger verladen wolle: Hereingefahren kam ein Ein-Pferde-Hänger aus Holz mit abgeschrägtem Heck. Nach kurzer Beratung bestellte die Besitzerin einen ortsansässigen Pferdespediteur. Auf den LKW stieg das Pferd unter sachkundiger Anleitung sofort!

Hängertypen

Pferdehänger gibt es aus Holz mit Planenaufbau, Aluminium und Polyester. Für welchen Typ man sich entscheidet, ob neu oder gebraucht hängt von den persönlichen Möglichkeiten und Anforderungen ab.
Für den Züchter ist sicher ein Hänger interessant, in dem er sowohl Stute mit Fohlen (Fohlengitter) als auch Hengste (Hengstgitter) transportieren kann. Wer sehr viel mit seinem Pferd unterwegs ist, der sollte nach einem hochwertigen Hänger mit Frontausstieg schauen. Der Grund: Bei einer Rast lässt sich das Pferd am Seitenstreifen zu der Straße abgewandten Seite ausladen. Ebenso Vorteilhaft ist der Frontausstieg für Pferde mit extremen Verladeproblemen. Die nächste Überlegung wäre, für wie viele Pferde man einen Hänger braucht. Einer-, Zweier-, oder Dreier-Hänger, ein spezieller Island-Pferdehänger oder muss noch die Kutsche mit obendrauf? Fahrzeug-Hersteller erfüllen bereits die extremsten Kundenwünsche. Steilheck oder Schrägheck wäre für mich keine Diskussion mehr, da Hänger mit abgeschrägtem Heck dem Pferd kaum Stehkomfort bieten. Die Frage

ob die Pferde schräg, in Fahrtrichtung oder entgegen der Fahrtrichtung lieber transportiert werden, wirft immer wieder heiße Diskussionen auf. Ein paar Monate hielt sich die These schräg sei am besten. In den USA werden große Pferdehänger fast ausschließlich mit diesem Verladesystem angeboten. Wissenschaftlich erwiesen ist jedoch nichts dergleichen. Die Fachleute tendieren sogar zu der Meinung, dass es bei den Pferden ähnliche Vorlieben und Abneigungen gibt, wie bei Menschen, in welche Richtung sie sich lieber stellen. Aus meiner Erfahrung steigen Pferde sowieso lieber in einen LKW ein. Aber wer hat schon das nötige Geld und die Lust ständig mit einem 7,5-Tonner über die Straßen zu brausen? Machen wir es unserem Pferd lieber in einem soliden Zweier-Hänger bequem. Denn: Stimmt das Umfeld und das Training, ist auch der Transport in Ordnung.

Der Hänger in Einzelteilen

Innenbreite
Die Innenbreite gibt an, wie viel Raum abzüglich der Trennwand zur Verfügung steht. Durchschnitt ist hier 1,65 m. Wenn Sie hauptsächlich schwere Warmblüter oder Kaltblüter transportieren, sollten Sie die XXL-Version kaufen, hier ist die Innenbreite ca. 1,75 m.

> ### Mein Tipp
>
> Kleben Sie sich einen Zettel an Ihr Armaturenbrett über die Abmessungen des Hängers (Höhe und Breite) und die Gesamtlänge des Gespannes, dann gibt es bei schmalen Brücken oder niedrigen Tunnels auf dem Land kein Bangen und Zetern.

Innenhöhe
Die durchschnittliche Innenhöhe liegt bei 2,10 m. Hersteller variieren in der Skala zwischen 2,05 – 2,20 m für große Pferde.
Außenhöhe und Außenbreite: Wichtig für den Fahrer ist es, die Abmessungen des Hängers zu kennen und zu beachten!

Hinterklappe
Bei den meisten Hängern wird die hintere Klappe nach unten gelassen, um den Hänger zu be- und entladen. Inzwischen werden auch Pferdehänger mit seitlich aufschwenkbaren Flügeltüren angeboten. Das Pferd muss dann mit einem Schritt in den Hänger steigen (in den USA und Kanada sehr verbreitet). Achten Sie auf eine rückenschonende hydraulische Schließautomatik, die die Heckklappe wie von allein nach oben gleiten lässt.

Frontausstieg
Wie bereits angeführt, hat der Frontausstieg diverse Vorteile. Verladescheuen Pferden wird der Anfang leichter gemacht. Der Entladevorgang wird vereinfacht, weil das Pferd nicht rückwärts treten muss. Für einige Pferde ein erhebliches Sicherheitsplus, wenn sie sich bereits beim rückwärtigen Ausladen verletzt haben (Rückspringer). Wer im Hochsommer an Turnieren teilnimmt und darauf angewiesen ist, dass die Pferde im Hänger bleiben, muss sich keine Sorgen mehr um ausreichende Luftzirkulation machen: Die vordere Klappe zu öffnen reicht. Außerdem: Ein Hänger mit Frontausstieg muss nicht teuer sein! Nach kurzer Suche beim Fachhändler fand ich einen gebrauchten Hänger der Firma Rice (England) mit Frontausstieg für 1600 Euro.

Belüftung
Eine Wissenschaft für sich. Leider ist noch nicht die Patentlösung entwickelt worden:
Ausstellfenster, Lüftungsschlitze, Deckenbelüftung und der obere Heckteil stehen zur Belüftung zur Verfügung, je nach Ausstattung. Beim Transport sollte man für ausreichend Frischluft, jedoch keine Zugluft sorgen.

Trennwand/Abtrennung
In alten Hängern meist ein Rückenbrecher, in neuen Hängern Fummelarbeit: die Trennwand. Sie trennt die vierbeinigen Fahrgäste voneinander. Auch hier gibt es verschiedene Varianten, bei denen es wieder vorher zu überlegen gilt, für welchen Zweck man den Hänger einsetzt. Mit einer Abtrennung aus flexiblem durchsichtigen Kunststoff lassen sich u. a. Stute und Fohlen gut fahren, da die Abtrennung herausknöpfbar ist. Diese Art der Abtrennungen reichen nicht bis zum Boden und ermöglichen dem Pferd, dass es sich breitbeinig hinstellt, um sich beim Fahren auszubalancieren. Zwei Hengste oder zwei »nicht-befreundete« Pferde würde ich – wenn man den Transport nicht anders arrangieren kann – eher mit einer massiven Holzabtrennung fahren. Diese reicht bis zum Boden und wird dort eingehakt. Auf jeden Fall sollte auf bedienerfreundlichen Ein- und Ausbau geachtet werden, denn z. B. beim Verlade-Training ist es vorteilhafter, wenn man allein die Trennwand aus dem Hänger holen kann. Auch zum regelmäßigen Säubern und Desinfizieren (MKS) ist eine leichte Trennwand besser. Selbstverständlich sollte sich die Abtrennung zur Seite schwenken lassen, wenn gewünscht.

Front- und Heckstangen
Sie bieten ein Sicherheitsplus, wenn sie sich auf die Größe des zu transportierenden Pferdes einstellen lassen. Bei gebrauchten Hängern sollte auf scharfkantiges Blech oder verrostete Stellen geachtet werden.
Pflegen Sie die Einhaкösen regelmäßig mit Öl, damit sie leichtgängig bleiben.

Bodenbelag

Aus heutiger Sicht ist nur ein Hänger mit einem rutschfest verklebten Gummibelag zu empfehlen. Schnell kommt man in die Lage, den Hänger nicht nur säubern, sondern sogar desinfizieren zu müssen. In Zeiten von MKS und anderen Tierseuchen sollte es eine Pflicht für jeden Pferdehalter sein, die Eindämmung von Tierseuchen zu unterstützen. Denn: In den wenigsten Fällen stehen auf einem Hof nur Pferde, sondern evtl. auch Paarhufer. Muffige Filzteppiche oder faulige Holzbohlen sind niemals gründlich sauber. Verzichten sollte man ebenfalls auf getackerte oder genagelte Gummibeläge; Ihr Hufschmied dankt es Ihnen! Möchten Sie einen Bodenbelag aus Gummi nachrüsten, so hat sich »Sika-Flex« (Baumarkt) als Klebemittel sehr bewährt.

Diverses

Aufbau: Der Aufbau des Hängers ist aus Holz, Aluminium oder Polyester.
Auflaufbremse: Die Auflaufbremse ist Pflicht und verhindert das Nach-vorne-Schieben des Zugfahrzeugs durch den Hänger während des Bremsvorgangs.
Handbremse: Feststellbremse des Anhängers. Wird festgezogen, wenn der Hänger steht und länger an diesem Ort verweilen soll.
Einzelradaufhängung: Die Räder sind nicht direkt an der Achse, sondern einzeln aufgehängt. Das gibt besonderen Fahrkomfort.
Längslenker: Verbindungsstück zwischen Radbremse und Achse.
Längsträger: Fahrwerksversteifung, damit der Aufbau stabiler ist.
Radstoßdämpfer: Stoßdämpfer, der die Radschwingung weitgehend unterbindet und das gefürchtete Aufschaukeln verhindert.
Rückfahrautomatik: Früher musste ein Hebel an der Hängerdeichsel umgestellt werden, um mit dem Hänger rückwärts zu fahren.

Wurde dies vergessen, blockierten die Räder. Seit 1991 gesetzlich vorgeschrieben, übernimmt das Umstellen die Rückfahrautomatik.
Schrägheck: bezeichnet die Konstruktion der Außenform des Hängers. Ein Schrägheck ist nicht zu empfehlen, da der Platz zwischen Hinterhufen und Hängerklappe so klein ist, dass die meisten Pferde erhebliche Probleme mit dieser Konstruktion haben.
Steilheck: bezeichnet die Konstruktion der Außenform des Hängers, hier ein Heck, das gerade heruntergeht.
Stützrad: vorderes kleines Rad an der Hängerdeichsel. Wird nur zum Abstellen des Hängers heruntergelassen und erleichtert das An- und Abkuppeln.

Zubehör und Sonderausstattung

Futtertröge: Meiner Meinung nach ein verzichtbares Zubehör, da die meisten Pferdehalter Kurzstrecken bis zwei Stunden fahren. Bei Langstrecken sollten generell mehrere Pausen eingelegt werden, in denen die Pferde ausgeladen werden. Hier könnten (nur kleine Mengen!) auch aus einem Eimer gefüttert werden. Besser wäre, den Platzkomfort zu erweitern und auf eingebaute Futtertröge zu verzichten. Außerdem ist die Kolikgefahr durch Stress, Staub und hektisches Fressen zu groß.
Fohlengitter: Erwartet Ihre Stute ein Fohlen oder sind Sie Züchter, dann ist das Fohlengitter ein Muss! Dieses Gitter wird zwischen Rampe und Hängerdach befestigt und hindert das Fohlen am Herausspringen. Kein Fohlentransport ohne Fohlengitter!!
Hengstabtrennung: Ein wichtiges Utensil für den Züchter, aber auch für den Turnierreiter. Gute Dienste leistet diese Abtrennung aber gleichermaßen, wenn Sie zwei Pferde fahren müssen, die sich nicht 100-prozentig verstehen. Es verhindert eine Beißerei und

**In manchen Hängern schon serienmäßig:
Zubehör »Hengstgitter«.**

ist idealerweise undurchsichtig. Bei Gitterabtrennungen prüfen Sie unbedingt die Festigkeit. Leider sind Exemplare auf dem Markt, die eher für einen Meerschweinchenkäfig herhalten sollten. Schlecht befestigte oder materialschwache Abtrennungen können gefährliche Verletzungen hervorrufen!
Front-Stangen-Sicherheits-System: Ein gutes Gefühl beim Pferdetransport gibt dieses Sicherheitssystem, auch Paniksicherung

genannt. Durch einen außen angebrachten Knopf können die innenliegenden Frontstangen zum Herunterfallen gebracht werden, wenn ein Pferd die Stange überstiegen hat. Wer bereits ein Pferd aus dieser Lage befreien musste, weiß dieses Zubehör besonders zu schätzen. Achtung: Hierbei lässt sich meist die Trennwand nur zur Seite heben, nicht aber herausnehmen!
Heunetzhalterungen: Auch hier gilt, die Funktionalität und Festigkeit zu überprüfen. Generell rate ich jedoch davon ab, da es in meiner Arbeitspraxis schon halbverschluckte bzw. angefressene Netze gab sowie eine folgenschwere Verhedderung. Durch Heu und Stroh im Hänger kann ebenso das Shipping Fever auslöst werden.
Sattelkammer: Früher fast ausschließlich für klassische Reitsättel, gibt sich die Industrie inzwischen kundennah. In den Spezialhängern einiger Hersteller haben nun auch Westernsättel mühelos Platz. Manchmal passen sogar noch Eimer, Halfter, Schaufel und Besen hinein (aber bitte auf die Zuladung achten!).
Stützen für den Heckbereich verhindern das Abknicken des Pferdehängers bei Betreten durch das Pferd. Sicher aufgestellt, ist ein Hänger mit Heckstützen sogar ohne Zugfahrzeug für das Pferd begehbar.
Hebehilfe für die Rückklappe: Für mich ein unentbehrliches Zubehör. Beim Verlade-Training dreimal eine schwere Klappe auf- und zuwuchten ist für den Rücken kein Vergnügen. Bitte achten Sie aber auf eine pferdefreundliche Konstruktion.
Trailer Aid: Ein Auffahrkeil, der das Reifenwechseln am Hänger ohne Ausladen der Pferde ermöglichen soll. Wird von verschiedenen Pferdesport-Versandhäusern angeboten.
Kameraüberwachung im Hänger: In einigen Sondereditionen der Geländewagenhersteller ist ein Kameraüberwachungssystem

bereits integriert (z. B. Isuzu-Trooper). Die Pferde während der Fahrt im Blick zu haben, gibt nicht nur Sicherheit, sondern mahnt auch immer zu vorsichtiger Fahrweise, da man »live« miterlebt, wie die vierbeinigen Passagiere ins Schwanken geraten können.

Wartung des Pferdehängers

Für Pferdehänger gilt seit 01.04.1994 die TÜV-Pflicht. Überprüft werden sicherheitsrelevante Teile wie: die Bremse, der Boden, die Stabilität des Fahrwerks, das Reifenprofil und natürlich die Beleuchtungseinheit. Um ganz sicher durch das Jahr zu kommen, empfehle ich Ihnen, Ihren Pferdehänger zusätzlich mindestens einmal pro Jahr in einem Fachbetrieb durchchecken zu lassen.

Überprüft werden sollte ...

an der Zugeinrichtung:
- Befestigung, Bruchstellen, gelegentlich fetten, evtl. mit einer Plastikkappe abdecken
- Auflaufdämpfer, Faltenbalg, Gleitbuchsen
- Handbremse: Funktion, Abreißseil
- Bremsgestänge: Lüftspiel, evtl. Beschädigungen
- Zugrohr: fest, beschädigt
- Stützrad: gangbar, Funktion des Klemmhalters in Ordnung?

an der Achse:
- Befestigung: Schrauben fest, Sicherheitsmuttern angezogen
- Auflageböcke: Risse
- Spur und Sturz: Radlagerkontrolle
- Achskörper: Rost
- Bremsen
- Radlager: Geräusche, Spiel, evtl. fetten

- Naben: prüfen und reinigen
- Bremstrommeln: prüfen und reinigen
- Bremsbacken: prüfen und reinigen
- Bremsseil: Aufhängung
- Bremseinstellung: Lüftspiel, Einstellung
- Felge: richtige Radmuttern, Beulen
- Reifen: Profil, Walkschäden, Größe, Luftdruck
- Radmuttern: fest, Drehmoment
- Ersatzrad: Größe, Luft, Halterung fest, evtl. Schutzkappe

am Aufbau:
- Verschlüsse: gängig, fest, Sicherung
- Scharniere: gängig, lose, Befestigung, ölen
- Kotflügel: Befestigung, defekte Stellen ausbessern (Verletzungsgefahr)
- Evtl. Unterlegkeile vorhanden
- Bordwände: Befestigung, Schäden, gelegentlich desinfizieren
- Vordere und hintere Stange vorhanden, Rost, Schäden
- Klappe: gangbar
- Rahmen: Bruch, Schäden, Alterung
- Unterzüge fest, Schäden, Rost
- Boden: Schäden

an der Elektrik:
- Kabel: geknickt, Befestigung
- Lichtanlage: Funktion, Sicherungen und Ersatzsicherungen
- Verteilerleiste: Korrosion
- Rückleuchten: unbeschädigt, Funktion
- Rückstrahler: fest, sauber
- Umrissleuchten: fest, Funktion

Hängerkauf

Was sollte man beim Hängerkauf beachten?

Einen Hänger schafft man sich an, in der Hoffnung, dass er lange hält und praktisch ist. Allzu oft vergessen Käufer ihre eigentlichen Vorstellungen, wenn sie ein Schnäppchen sehen. Bedenken Sie, dass je nach Ihrer Nutzungsart der Hänger ganz bestimmte Merkmale haben muss. Hierzu eine kleine Anregung, auf was man achten sollte. Natürlich sind die Ansprüche individuell, und deshalb lässt diese Tabelle Platz für Ihre Ausführungen.

Züchter:
Hengstabtrennung, Fohlengitter, leicht zu säubern/desinfizieren, ausknöpfbare Mittelwand
eigene Notizen: ....

Turnierreiter:
Sattelkammer, evtl. Platz für Westernsattel, Equipment etc., leicht zu säubern/desinfizieren
eigene Notizen: ....
....

Freizeitreiter/Vielfahrer:
gute Nachlaufeigenschaft, Zuladung ausreichend, Sicherheit, (genügend Platz für zwei gewichtige Tinker etc.?), Platz für Equipment, leicht zu säubern/desinfizieren
eigene Notizen: ....
....

Freizeitreiter/Wenigfahrer:
höhenverstellbare Heck- und Frontstangen, Paniksicherung, Frontausstieg
eigene Notizen: ....
....

Kutschfahrer:
Zuladung (evtl. bei zwei Kaltblütern) und Geschirr, Platz für Kutsche? (Sonderfahrzeugbau)
eigene Notizen: ....
....

Rennpferdezüchter: evtl. LKW-Transporter, leichte Reinigung, desinfizieren, evtl. Platz für Crew/Pfleger (kleines Bett o. ä.)
eigene Notizen: ....
....

Vielleicht haben Sie die Möglichkeit, sich auf einer Messe direkt vom Hersteller beraten zu lassen. Sichten Sie im Vorfeld aber auf jeden Fall ausreichend Prospektmaterial und gehen Sie gut informiert zu den Fachbetrieben. So können Sie sich zwei oder drei Hänger genauer ansehen. Achten Sie auf die Verarbeitung. Ein Vielfahrer braucht einen qualitativ hochwertigen Hänger, der der permanenten

---

Mein Wunschhänger

- ■ gute Frischluftzufuhr ohne Zugluft zu erzeugen
- ■ sehr gute Straßenlage
- ■ sehr helle Innenbeleuchtung
- ■ leicht zu reinigen
- ■ viele Anbindemöglichkeiten
- ■ höhenverstellbare Riegel
- ■ Videoüberwachung vom Zugfahrzeug aus
- ■ kurze Laderampe
- ■ eine vordere Tür
- ■ Frontausstieg für Pferde
- ■ einfügbares Trenngitter für zwei Pferde im Kopfbereich
- ■ Temperatur-Überwachung vom Zugfahrzeug aus

Belastung standhält. Ein Wenigfahrer ist bereits mit einem gebrauchten Polyester-Hänger gut ausgerüstet.

Gebrauchte Hänger

Sie sollten den Hänger unbedingt von einem Fachmann überprüfen lassen, wenn Sie ihn nicht direkt in einer Fachwerkstatt kaufen. Auf jeden Fall sollten Sie die Gewichte in den Papieren überprüfen und den Hänger auf einer öffentlichen Waage wiegen lassen. Verstärkungen des Bodens durch Siebdruckplatten fallen fast immer beim Gewicht auf, da sie sehr schwer sind. Ist der Hänger zu schwer, erlöscht die Betriebserlaubnis.

Alltagstipps

Wo stelle ich meinen Hänger unter?

Zur guten Pflege des Hängers gehört eine geschützte Unterbringung im Winter. Vor der Einlagerung sollten Sie den Hänger nochmals durchsehen und kleine Reparaturen sofort erledigen. Einige Reitställe oder Landwirte bieten Unterstellmöglichkeiten in Scheunen oder Lagerhallen an. Es empfiehlt sich, dass dort alle Hänger so abgestellt werden, dass jeder schnell auf seinen Hänger Zugriff hat. Müssen Sie den Hänger am Haus oder am Offenstall unterbringen, ist es sinnvoll, eine Plane über das gute Gefährt zu ziehen. So ist es schnell einsatzbereit und trotzdem etwas wettergeschützt abgestellt.

Der Hänger als Weidehütte?

Standfest ist ein Hänger nur, wenn das Zugfahrzeug angehängt ist. Deshalb rate ich davon ab, den Hänger als Weidehütte oder zur »Eingewöhnung« auf die Weide zu stellen.

Sicher, es gibt inzwischen Pferdehänger mit Stützen und kombiniert mit der Feststellbremse mag man einen standfesten Hänger bekommen. Das eigentliche Problem ist aber, dass Pferde, die sich an einen Hänger gewöhnen sollen, oft nur halb hineingehen. Sie schnappen sich ein paar Happen Futter und tappen ebenso schnell wieder hinaus. Eine Angewohnheit, die Sie Ihrem Pferd bei dem späteren Verlade-Training mühsam wieder abtrainieren müssen. Abgesehen davon leidet auch der qualitativ beste Hänger, wenn er tagein, tagaus offen auf der Weide steht.

Ein anderes Problem: Es gibt Pferdebesitzer, die sich vornehmen, ihr verladescheues Pferd nur im Hänger zu tränken und zu füttern. Irgendwann müsste es also dort hineingehen. Falsch gedacht! Pferde haben auf jeden Fall den längeren Atem und ich möchte nicht aufzählen, wie viele Pferde dehydriert sind oder eine Stresskolik bekamen, weil Ihr Besitzer so »stur« war.

Die beiden einzigen Fälle, bei denen ich anraten würde, den Hänger geschlossen und abgesichert auf die Weide zu stellen sind:
1. Ihr Pferd wurde in einem Hänger transportiert, in dem vorher Schweine gefahren wurden und weigert sich nun, in den Hänger zu steigen.
2. Ihr Pferd hatte einen schweren Unfall im/ am Hänger und lässt nicht einmal mehr die Nähe des Hängers zu.

Zum Schluss ...

... wünsche ich mir, dass ich Sie auf die Verlademethoden neugierig gemacht habe. Haben Sie einmal die Techniken erlernt, können Sie nahezu jedes Pferd in den Hänger bringen. Egal, ob Warmblut, Vollblut oder Kaltblut.

Das Beste daran ist: Es kann wirklich jeder lernen! Sie benötigen Geduld, genügend Zeit und müssen konsequent dabeibleiben. Sehen Sie die Widersetzlichkeiten Ihres Pferdes als Chance an, Ihr Verhalten zu überdenken und einen neuen Weg zu finden. Trainieren Sie regelmäßig weiter und steigern Sie Ihre Fähigkeit, Ihr Pferd zu »lesen« – jeden Tag aufs Neue.

Ich wünsche Ihnen viel Erfolg!

Ihre Kiki Kaltwasser

Danksagung

Eine besondere Freude ist es für mich, den folgenden Personen ganz herzlich zu danken. Ohne deren Unterstützung wäre dieses Buch nie zustande gekommen.

Meinem Mann Marc, der mir immer ermutigend zur Seite steht und glücklicherweise auch pferdenärrisch ist. Er ist mein technischer Berater und konstruktiver Kritiker.

Meiner Mutter und Großmutter, die mich über all die Jahre im Reitsport als interessierte Zuschauer begleitet haben.

Meiner Freundin und Tante Inge, die viele schöne Fotos zu diesem Buch beigesteuert hat.

Meinem Freund und Onkel Reinhard »The Brain«, den ich immer um Rat fragen kann und der alles weiß.

Monty Roberts der mich inspirierte und mir viele neue Denkanstöße gab.

Meinem Freund Mike Geitner, mit dem ich tagsüber Pferde-Fragen diskutiere.

Meiner Freundin Andrea Kutsch, mit der ich bis spät nachts Pferde-Fragen diskutiere.

Der Familie Graham von der SnowShoe Ranch in Kanada, die mir die Gelegenheit gibt, ihre Pferde zu beobachten und mich als »Saison-Trainer« bei ihnen arbeiten lässt.

Meinem 80-jährigen Reitlehrer Wilholm, der mir unendlich viel über Pferde und die dazugehörigen Lebensweisheiten beigebracht hat.

Der Familie Adams und der Familie Turek sowie deren Töchter Hannah und Jana, die mit großer Geduld zwei Tage lang Pferde verladen und dabei immer gelächelt haben.

Der Familie Witzke, die eine nahezu perfekte Offenstall-Erlebnis-Landschaft für Pferde geschaffen hat.

Regina Göbken, meiner fleißigen Leseratte.

Der Tierarztpraxis Dr. Minister und seinem Team sowie den Tierärzten im Kreisveterinäramt Euskirchen.

Karsten Gemmeker, der jeden Knochen wieder dahin befördert, wo er hingehört.

Katrin Sdun, die trotz Grippe mit ca. 20 kg Fotoausrüstung um ihren Körper unermüdlich fotografiert hat und Claudia König, die mich bei meinem ersten Projekt so nett unterstützt hat.

Herrn Ruser, der den IFOR-Williams-Hänger zur Verfügung gestellt hat, in den plötzlich Pferde einstiegen, die sonst Verlade-Probleme hatten.

Mercedes Benz in Leverkusen, die den Mercedes GE 500 zur Verfügung gestellt haben und mir mit diesem Wagen die ultimative Dimension von »Fahrspaß« vermittelt haben.

Allen Seminarteilnehmern und Reitschülern, die mich vor immer neue Aufgaben stellen.

Ich danke natürlich allen Pferden, den schärfsten Kritikern meiner Arbeit und im Besonderen meiner verstorbenen Stute Lady, die über lange Jahre meine Lehrmeisterin war.

Und: Meinem Haflinger Sanssouci, der mich mit viel »Charme« und »Schlitzohrigkeit« immer wieder aufs Neue bezaubert.

SERVICETEIL

Auswahl nützlicher Adressen

Kontaktadresse für Verlade-Workshops, Seminare (auch ohne eigenes Pferd) sowie Fragen rund ums Thema Verladen:
Kiki Kaltwasser
Lindenhof, Linden 2,
D – 53940 Hellental-Linden
Tel.: 01 79 / 198 90 23
Email: Kikikaltwasser@t-online.de
Internet: www.pferde-training.de oder
www.Kiki-Kaltwasser.de

Monty Roberts USA
Flag is Up Farms
PO Box 86, Solvang CA 93464, USA
Internet: www.montyroberts.com

Monty Roberts Deutschland
International Learning & Training Center
Andrea Kutsch
Email: kutschhamburg@aol.com

Die Autorin

Kiki Kaltwasser, Jahrgang 1966, ist seit 25 Jahren eng mit Pferden verbunden. Jedes Jahr verbringt die Autorin mehrere Monate auf einer kanadischen Quarter Horse Ranch in British Columbia, um dort wild-gehaltene Pferde zu beobachten und zu trainieren. Sie hat sich auf das Verladen von Pferden spezialisiert, hält Seminare zum Thema und bietet Pferdebesitzern ihr gezieltes Verlade-Training an. Geprägt wurde ihre Arbeit von Monty Roberts gewaltfreier Methode und seiner klaren Definition von Kommunikation zwischen Mensch und Pferd. Sie ist Mitglied im Monty Roberts-Team Deutschland.

1999 gründete sie die Horselistener Association Germany, ein Logo unter dem sie professionelle Aus- und Weiterbildung für Pferd und Reiter anbietet und sich für die Förderung der artgerechten Haltung von Pferden einsetzt. Die Autorin lebt mit ihrem Mann, Hund und Pferden auf einem Hof in der Eifel.

Sachkundenachweis
Deula Freren GmbH
Bahnhofstaße 25, D – 49832 Freren
Tel.: 0 59 02 / 9 33 90

Pferdehänger mit Fronstausstieg
IforWilliams Trailers
Am Hof 2, D – 23744 Mönchneversdorf
Tel.: 0 45 28 / 83 1, Fax: 0 45 28 / 800
Mobil: 01 71 / 2 17 49 60

Pferde-Flug-Transport
Pegasus Transport GmbH
Altes Stadion 34, D – 41516 Grevenbroich
Internet: www.pegasus-transport.com

Osteopathie
Anschriften von DIPO-geprüften Pferde-
Osteotherapeuten erhalten Sie beim
Deutschen Institut für Osteopathie (DIPO)
Hof Thier zum Berge, D – 48 249 Dülmen
Tel.: 0 25 94 / 7 82 27- 0
Internet: www.osteopathiezentrum.de

Osteotherapeut für Pferde
Karsten Gemmeker
Tel.: 0 59 21 / 51 08
www.pferde-osteopathie.de

Pferde-Transporter für Profis (LKW)
Ketterer Spezialfahrzeuge GmbH
Descostr. 10, D – 76307 Karlsbad
Tel.: 0 72 48 / 92 00 20
Internet: www.ketterer-trucks.de

Zum Weiterlesen

- Arz, Christa: Bodenarbeit, Pferdetraining an der Hand, Müller Rüschlikon Verlag, 2000
- Forsten, U.: Leitlinien zur Beurteilung von Pferdehaltung unter Tierschutzgesichtspunkten, BUMI f. Ernährung Landwirtschaft, 1995
- Gehrmann, Wilfried: Doppellonge – eine klassische Ausbildungsmethode, FN-Verlag, 1998
- Geitner, Michael: Be strict – Denken wie ein Pferd, Richtig ausbilden – Konsequent korrigieren, Müller Rüschlikon Verlag, 2001
- Hilard/Bower: Theorien des Lernens, Klett Verlag, 1982
- Holm, Ute: Western-Reiten – aber bitte klassisch, Müller Rüschlikon Verlag, 2000
- Meyerdirks-Wüthrich, Ute: Bachblüten-Therapie für Pferde, Kosmos, 1998
- Morris, Desmond: Horsewatching, Heyne Verlag, 1997
- Roberts, Monty: Der mit den Pferden spricht, Lübbe Verlag, 1996
- Schulte Wien, Beatrix: Osteopathie, Bewegungsblockaden vorbeugen, erkennen und beheben, Müller Rüschlikon Verlag, 2001
- Sommer Bobbe, Falstein, Mark: Ein starkes Selbst, Ariston Verlag, 1995
- Swift, Sally: Reiten aus der Körpermitte, Pferd und Reiter im Gleichgewicht, Müller Rüschlikon Verlag, 1985
- Ulbrich, Tanja: Massage, Muskel- und Gelenkprobleme erkennen und beheben, Müller Rüschlikon Verlag, 2000
- Wanless, Mary: Die Wanless-Methode, Fühlen statt denken – Reiten in Harmonie, Müller Rüschlikon Verlag, 1998
- Wanless, Mary: Reiten in Vollendung, das Praxis-Buch zur Wanless-Methode, Müller Rüschlikon Verlag, 1999
- Wanless, Mary: Zum Wohle des Pferdes, Körperarbeit, mentale Energie, Alternativmedizin, Müller Rüschlikon Verlag, 1999
- Wilde, Clare: Reiki, Heilende Energie für Pferd und Reiter, Müller Rüschlikon Verlag, 2000
- Wyche, Sara: Der Pferderücken, Rückenprobleme erkennen und behandeln, Müller Rüschlikon Verlag, 2000

Der Wolf im Wolfspelz.

G 400. Die G-Klasse mit 400 CDI-Motor.

▶ Keine Angst, der beißt nicht. Der schnurrt nur. Und zwar mit dem kräftigsten Serien-PKW-Dieselmotor der Welt: einem V8, der sein unglaubliches Drehmoment von 560 Nm schon bei 1.700 U/min erreicht. Wenn Sie ganz genau wissen möchten, welchen Eindruck die 184 kW/250 PS sowie das hochwertige Interieur bei Ihnen hinterlassen, dann dürfen Sie ihn ruhig anfassen: bei Ihrem Mercedes-Benz Partner. Weitere Informationen finden Sie unter www.mercedes-benz.de.

Mercedes-Benz
Die Zukunft des Automobils.

Setzen Sie aufs richtige Pferd!